Dagmar Rohnstock
Cordula Siebers-Koch

Elterngespräche souverän gestalten

**kooperieren,
beraten,
unterstützen**

Cornelsen

Die Autorinnen
Dr. Dagmar Rohnstock ist Lehrerin, Mediatorin (BM) und Trainerin für Zeit-, Stress- und Konfliktmanagement. Auf der Grundlage eigener langjähriger Lehr- und Mediationstätigkeit engagiert sie sich über Fortbildungen und Beratungen auf allen Ebenen, auch in Online-Formaten für die Stärkung von Pädagog*innen in Krisenzeiten sowie für die Implementierung von Mediation in Schulkulturen.
Cordula Siebers-Koch ist zertifizierte Mediatorin, Coach, Trainerin für Konfliktmanagement und Teamentwicklung sowie Fortbildnerin auch in zahlreichen Online-Formaten. Neben diesem freiberuflichen Engagement betreut sie als Mediationsbeauftragte der Evangelischen Schulstiftung in Berlin und Brandenburg das Konfliktmanagement.

Projektleitung: Maren Krüger, Berlin
Redaktion: Katia Simon, Essen
Umschlagkonzept/-gestaltung: Corinna Babylon, Berlin
Grafik: Torsten Lemme, Berlin
Umschlagfoto: Shutterstock/FreshBackgrounds
Layout: LemmeDESIGN, Berlin
Technische Umsetzung: Compuscript Ireland and Chennai

www.cornelsen.de

1. Auflage 2024

Druck: H. Heenemann, Berlin

ISBN 978-3-589-16958-0

INHALT

EINLEITUNG

In Erziehungsfragen gibt es kein eindeutiges „Richtig“ und „Falsch“. Es sind immer Investitionen in eine Persönlichkeit mit ungewissem Ausgang, die mit Vertrauen in die Zukunft und Zutrauen in das Kind verbunden sind. Da verwundert es nicht, dass es in Gesprächen zwischen Pädagog*innen (hiermit sind im Verlauf des Buches immer auch alle Lehrkräfte, Erzieher*innen, Sonderpädagog*innen, Sozialpädago*innen in Hort und Schule gemeint) in Schule und den häuslichen Verantwortlichen u. U. zu unterschiedlichen Einschätzungen und Herangehensweisen kommt. Es braucht also ausreichende und konstruktive Austausch- und Verständigungsebenen, um eine funktionierende Erziehungspartnerschaft zur Unterstützung der Kindesentwicklung herzustellen und im Prozess aufrecht zu halten. Das erfordert neben zeitlichen Ressourcen auch förderliche Gesprächskompetenzen aller Beteiligten, die das gegenseitige Verstehen und Vertrauen ermöglichen.

Diese **Erziehungspartnerschaften nachhaltig zu unterstützen,** genau hier möchte dieses Buch ansetzen. Mithilfe der mediativen Grundhaltung und ihrer gelebten Werte von Respekt und tiefer Wertschätzung möchten wir Ihnen vielfältige Wege aufzeigen, wie Sie Gespräche auf Augenhöhe führen können. Gerade bei persönlicher Betroffenheit, Ängsten vor Aufdeckung, verschiedensten Vorbehalten sozialer oder kultureller Art stellen wir Ihnen mögliche Zugänge vor, die zu gemeinsam akzeptierten Wegen führen können.

Dabei ist uns auf der Grundlage unserer Gesprächserfahrungen als Mediator*innen sehr bewusst, dass es gerade im hektischen Schulalltag oft zwischen Tür und Angel nicht immer einfach ist, kontrolliert wertschätzenden Kontakt aufzunehmen, den Kern eines Erziehungs- oder Schulproblems zu erfassen und miteinander in pädagogisch sinnvolle Bahnen zu lenken.

Wer ist folgenden Aussagen im Pädagog*innen-Eltern-Dialog nicht schon einmal begegnet!?

Um meinen Sohn kümmern Sie sich ja nie! Der ist ja immer an allem schuld! Das glaube ich Ihnen nicht!

Was fragen Sie mich, Sie sind doch der Lehrer! Mathe liegt ihr eben nicht, da kann man nichts ändern!

Da müssen Sie einfach mal härter durchgreifen! Sie werden doch wohl mit so ein paar Pubertierenden fertig werden! Bei der vorherigen Lehrerin lief das alles viel besser!

Derartige plakative Aussagen – und natürlich die vielen Nachfragen von Pädagog*innen an uns Mediatorinnen – haben uns unter anderem dazu motiviert, uns intensiv mit diesem Thema, wie man mit Elternkontakten professioneller und souveräner umgehen könnte, auseinanderzusetzen. Gerade für diese hektischen, kritischen, manchmal vielleicht auch unangenehmen Gespräche Ihres Alltags möchten wir Ihnen professionelle Reaktionsweisen vorstellen, die Ihnen **Sicherheit und die nötige Distanz in Ihrer beruflichen Rolle** ermöglichen. Denn besonders in den eskalierten Konfliktsituationen zwischen Eltern und Pädagog*innen, in die wir als Mediator*innen zur Klärung immer wieder gerufen werden, erfahren wir in sehr vielen dieser Fälle, dass der Ausgangspunkt oft Missverständnisse bzw. Informationsdefizite waren, die in einem ruhigen, fairen Austausch viel früher ohne die entstandenen Verletzungen hätten geklärt werden können. Und sollte es doch einmal durch das hohe innere Engagement beider Seiten zu Grenzüberschreitungen kommen, **zeigen wir Ihnen hier notwendige kommunikative Stoppschilder sowie wirksame Stressbewältigungswege auf**, die Übergriffe in professioneller Weise verhindern bzw. abfedern können. Über die mediative Gesprächsführung hinaus möchten wir Ihnen mögliche Kooperationsebenen zukunftsweisend vorstellen, die neben den verabredeten Elterngesprächen und strukturierten Elternversammlungen zusätzlich eine pädagogische Zusammenarbeit mit regelmäßigen Austausch- und Klärungsforen fördert. Altersgerecht sollten dabei in die miteinander gefundenen Möglichkeiten der Zusammenarbeit die Kinder mit ihren Bedürfnissen einbezogen werden, um ein Miteinander in einer gemeinsam gestalteten Schulkultur nachhaltig zu ermöglichen.

Denn die Kindesentwicklung ist heute in viel höherem Maße von dieser gelingenden Erziehungspartnerschaft zwischen Elternhaus und Schule abhängig als noch zu früheren Zeiten. Die stark ausgeweiteten Betreuungszeiten in Schule und Hort erfordern **deutlich mehr Austauschen, Verstehen, Vereinbaren und damit Kooperieren im konstruktiven Sinne**. Diese gemeinsame Aufgabe wird durch die anhaltenden Krisenbedingungen (Pandemie, Ukraine-/Nahostkrieg, Flüchtlinge, Klimakrise) mit ihren noch nicht absehbaren Folgen für die Gesamtentwicklung jedes einzelnen Kindes im Zusammenhang mit der Klassen- und Familiendynamik noch offenkundiger und notwendiger. Derartige miteinander abgestimmte Erziehungswege kann es aber nur dann in einvernehmlicher Weise geben, wenn **ausreichende Transparenz und Verstehen für die Bedingungen und Schwierigkeiten der jeweiligen Erziehungsseite** zu Hause und in der Schule hergestellt werden können. Dieser Wunsch des Gehört-Werdens ist heute von beiden Seiten sehr stark und verständlich. Denn die Sorgen von Erziehenden finden in der eng getakteten Schulbetreuungswelt, aber auch in der kleinen Familienwelt oftmals ohne Unterstützung einer Großfamilie zu wenig Gehör und damit zu wenige Möglichkeiten eines reflektierten Dialogs. So braucht es für beide Seiten einen wertschätzenden, verstehenden gegenseitigen Austausch mehr denn je, damit die Möglichkeiten jeder Seite realistisch eingeschätzt und optimal für Entwicklungsreize des Kindes genutzt werden können.

Nicht selten erleben wir, dass die pädagogischen Möglichkeiten im Schulbereich mit seinen begrenzten Ressourcen von Elternseite überschätzt werden. Umgekehrt werden von Lehrkräften ebenso die Möglichkeiten der vielfach hoch belasteten Elterngeneration mit ihren herausfordernden, unsicheren Arbeitsbedingungen und komplexen familiären Dynamiken bzw. Alleinerziehungssituationen nicht realistisch beurteilt. Damit es in solchen belastenden Problemstellungen nicht zu überhöhten Erwartungshaltungen oder u. U. gegenseitigen Schuldzuweisungen kommt, möchten wir Ihnen vor allem kommunikative Möglichkeiten des gegenseitigen Mitteilens und Verstehens, aber auch notwendiger Abgrenzung aufzeigen. Dadurch werden spürbare gegenseitige Entlastungen geschaffen, innovative gemeinsame Wege ermöglicht und vor allem Vertrauen füreinander aufgebaut, um das Kind nachhaltig zu begleiten. Sie basieren auf der **Selbstbestimmung jeder Seite.** Das bedeutet, jede*n als Expertin bzw. Experten und Gestalter*in für das eigene Feld zu belassen und auf dieser Basis erst die jeweils zielgenaue schul- oder auch heimbasierte Unterstützung zu ermöglichen. Diese kann dann u. U. Ausgangspunkt für eine vor allem rechtzeitige außerschulische Hilfe über entsprechende Fachkräfte sein. Unsere langjährigen Erfahrungen als Mediatorinnen in diesen Bereichen haben uns in vielfältiger Weise erfahren lassen, dass gerade die Mediation besonders geeignet ist, diese Verbindungslinien zwischen Elternhaus und Pädagog*innen immer wieder in beeindruckend positiver Weise herzustellen. Denn sie propagiert nicht nur die Werte von Gleichberechtigung, Autonomie und gemeinsamer, zukunftsweisender Lösungsorientierung, sondern übersetzt sie in praxisnahe Sprachmuster. Machen Sie sich gerne mit uns auf den Weg, diese Verbindungen mediativ zu knüpfen und zu erleben.

Dabei erschien uns der Satz: **Wir sitzen alle in einem Boot!** symbolisch treffend, um den Charakter mit seinen Anteilen an einer gelingenden Erziehungspartnerschaft darzustellen. So finden Sie vor jedem Kapitel die aufeinander aufbauende Grafik eines Bootes mit allen notwendigen Elementen, die sinnbildlich für die verschiedenen wichtigen Aspekte eines konstruktiven, gemeinsamen Erziehungsweges stehen. Jedes Kapitel mit seinem speziellen Aspekt kann inhaltlich je nach Interesse separat gelesen und betrachtet werden. Letztendlich sind wir aber überzeugt davon, dass alle von uns beschriebenen Elemente hilfreich sind, das Boot sicher in den Hafen zu steuern und somit ein konstruktives Miteinander im Sinne des Kindes zu gestalten.

1 GRUNDLEGENDE CHANCEN UND BEDEUTUNG DES PÄDAGOG*INNEN-ELTERN-DIALOGS

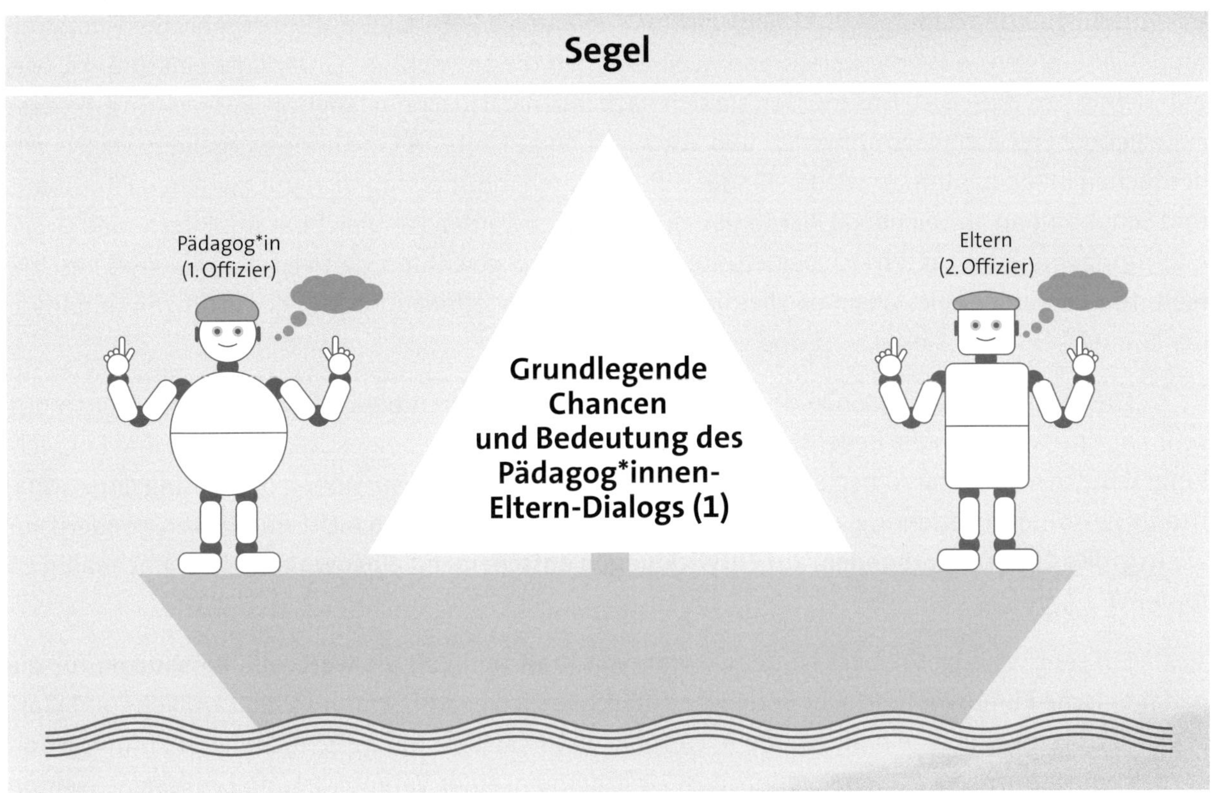

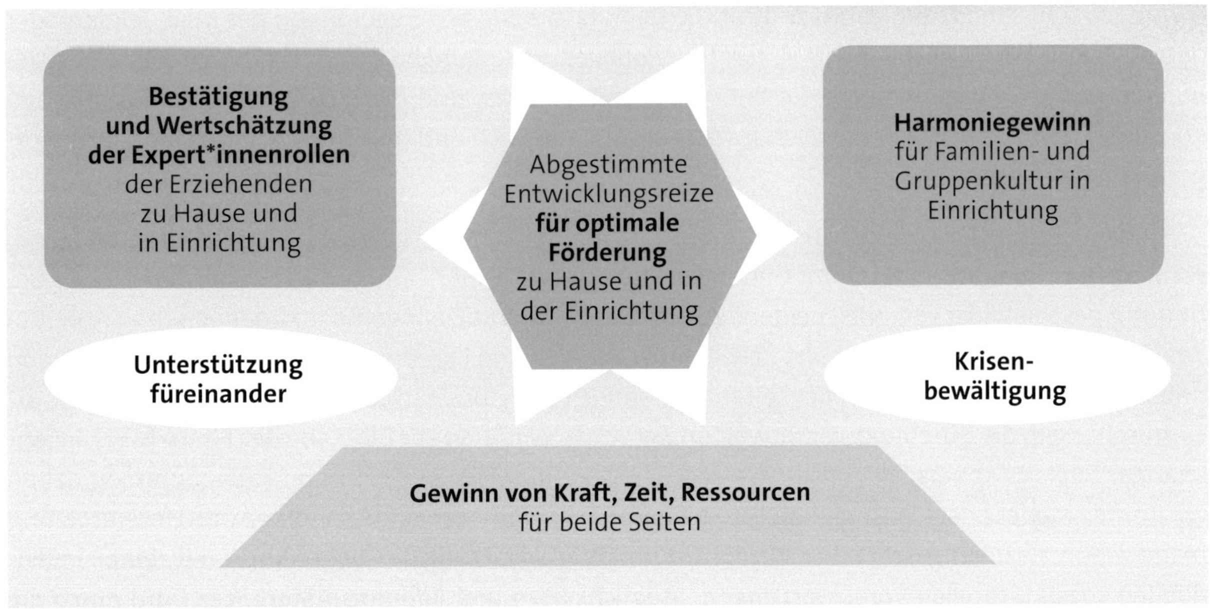

Es erstaunt nicht selten Pädagog*innen und auch die Elternseite, wie hoch sensibel Kinder auf Unstimmigkeiten zwischen den beiden Erziehungsseiten reagieren. Selbst stille Abwertungen, mühsam verborgene Ärgernisse übereinander scheinen sie wahrzunehmen, natürlich noch in viel höherem Maße offene Streitigkeiten, die sich vor allem über längere Zeiten hinziehen. Sie entwickeln daraus nicht selten typische Symptomatiken wie plötzliche Schulangst, Bauch- oder Kopfschmerzen,

Aggressionen, Hypersensibilität, Rückzugstendenzen o. Ä. Diese verdeutlichen, **wie sehr ihre Situation bzw. Entwicklung von der guten Verständigung und dem Wohlwollen beider Seiten abhängt.** Es zeigt ferner, wie sehr sie sich hier Eintracht wünschen in ganz ähnlicher Weise wie bei einem gemeinsam erziehenden Elternpaar. Denn alle Beteiligten der Erziehungspartnerschaft geben ihnen wichtige Orientierungen und damit den nötigen Halt für ihre Entwicklung. Gibt es hier erhebliche widerstreitende Differenzen, wirkt das verstörend, weil es ihnen die so wichtige Grundlage einschränkt, was nun richtig bzw. falsch ist. Das müssen sie sich nach und nach in einem längeren Entwicklungsprozess erschließen. Erst halbwegs stimmige und vor allem nicht konträre Erziehungsvorgehensweisen verdeutlichen ihnen das immer wieder. Kinder differenzieren meist erstaunlich gut zwischen Elternhaus und Schule, wenn abweichende Richtlinien durchgesetzt werden (vergleichbar mit Eltern- und Großelternumgebungen). Lassen sich beide Seiten wohlwollend gewähren, dann ist das kein größeres Problem für die Kinderseele. Wenn es allerdings zu deutlichen, offenkundigen Verwerfungen miteinander kommt, reagieren sie verwirrt und verstört.

Die recht klaren Reaktionen der Kinder auf nicht gut kompatible Erziehungswelten zeigen uns sehr deutlich, wie hoch die Bedeutung einer guten Verständigung beider Seiten ist, um ihre Entwicklungsschritte nachhaltig zu begleiten und nicht zu irritieren. Mit dieser hohen Bedeutung einer konstruktiv gestalteten Beziehung von Schule und Elternhaus sind deshalb nicht nur Risiken, sondern vor allem **große Chancen verbunden, auf Entwicklungen entscheidend einzuwirken,** diese nachhaltig zu fördern.

Ein sehr wichtiger Aspekt ist der **Gewinn von Kraft und Zeit als wertvolle Ressourcen für die pädagogische Einflussnahme** aller Beteiligten einschließlich einer harmonischen Familien- und Klassenkultur, wenn eine regelmäßige offene Gesprächsatmosphäre mit entsprechenden Kontingenten an Zeit und Transparenz auf Vertrauensbasis mit gemeinsamer Verantwortung umgesetzt werden kann. Bei aufkommenden Missverständnissen oder Differenzen wird hingegen oft ein sehr hoher vermeidbarer Zeit- und Energieaufwand für die dann erforderlichen Regelungen per Mail, Telefon oder persönliche Klärungsgespräche u. U. mit individuellen Verletzungen nötig. Die damit ggf. einhergehenden Beeinträchtigungen für die Entwicklung des Kindes und die möglichen organisatorischen Konsequenzen wie Klassen- oder Schulwechsel sind erheblich und meist unverhältnismäßig zum oft geringfügigen Anlass.

Die Eltern für eine konstruktive Unterstützung der Erziehungsarbeit in ihrem Zuhause zu gewinnen, was über Wertschätzung und Respektieren ihrer Expert*innenrollen in der häuslichen Betreuung geschieht, ist von entscheidender Bedeutung für das Gelingen der pädagogischen Arbeit in der Schule. Dies erfordert eine hohe Sensibilität, Toleranz und Ergebnisoffenheit im Umgang mit den unterschiedlichen Elternpersönlichkeiten und ihren Lebensumständen, damit der Dialog nicht als Einmischung in die Erziehungsverantwortung gesehen wird und zur Blockade der Eltern führt. In jahrelanger Begleitung verschiedenster Gesprächsprozesse zwischen Eltern und Pädagog*innen haben wir immer wieder erlebt, dass gerade die Mediation hier eine wertvolle Grundlage und Unterstützung bietet. Denn die **uneingeschränkte Akzeptanz und Wertschätzung des Gegenübers mit seinen individuellen soziokulturellen Voraussetzungen, Möglichkeiten und Bildungspräferenzen wird durch die Mediation grundgelegt** und gefördert. Ferner bildet sie eine konstruktive Basis für jeweils autonome Lösungswege, die nebeneinander bestehen können, aber auch für gemeinsam erarbeitete Zielvereinbarungen und Unterstützungstools im Sinne des Kindes.

Neben den verschiedenen Erziehungsstilen, die berücksichtigt werden wollen, beobachten wir zunehmend größere Verunsicherungen in Bezug auf etwaige Fehlentwicklungen durch mögliche individuelle Erziehungsdefizite der Eltern. Diese Ängste führen im Problemfall häufig zur unbewussten

Projektion auf die andere Erziehungsseite (Schuldzuweisungen), um eigene Defizite zu kaschieren. Um dies aufzufangen, ist es oft hilfreich, Unterstützung in Form von persönlicher Beratung oder Fortbildungen zu Erziehungsthemen anzubieten.

Gelingt der vertrauensvolle Austausch miteinander, kann die **individuelle Förderung und Begleitung des Kindes in fachlicher, sprachlicher und sozialer Hinsicht bestmöglich erfolgen.** Insbesondere bei Lern- und Entwicklungsproblematiken können die Beobachtungen zu Hause (Familiendynamik, Geschwisterkonstellationen) und in der Schule (Gruppenzusammenhänge, Leistungsbereitschaft) wichtige Aufschlüsse über mögliche Hintergründe und den Charakter des Kindes geben. Mit diesen Informationen können dann gemeinsame Lösungsschritte für die Zukunft mit Beobachtungs- und Förderschwerpunkten vereinbart, entsprechend umgesetzt und längerfristig begleitet werden. Damit eröffnen sich Möglichkeiten, die verabredeten Zielstellungen im häuslichen Bereich durch daraus entstandene Handlungsweisen ganz konkret und empathisch zu unterstützen. **Damit ergänzen sich beide Seiten im Sinne des Kindes, um letztlich seine bestmögliche Förderung zu erreichen.** In dem Zusammenhang können bei besonderen Problemstellungen, wie z. B. Kindeswohlgefährdung, Mobbing, sprachliche und kulturelle Differenzen, die mitunter über die schulischen Möglichkeiten hinausgehen, Fachkräfte und unterstützende Institutionen, Hilfsorganisationen sowie das Jugendamte empfohlen und ggf. miteinbezogen werden.

Über einen offenen Austausch möglicher fehlender Ressourcen für eine optimale Förderung können Verständnis füreinander entwickelt und gemeinsam mögliche Alternativen gefunden werden. In dem Zusammenhang ergeben sich u. U. Ideen zur gegenseitigen Unterstützung in der Bewältigung dieser Defizite, z. B. Bereitstellung von materiellen, finanziellen und rein praktischen Hilfestellungen von Eltern- oder auch extra Unterstützungsmaßnahmen von Pädagog*innenseite. Besonders bei einschneidenden Ereignissen (z. B. Todesfälle, Scheidungen) im Lebensumfeld genauso wie bei schulischen Einschnitten (Schulwechsel, Wegfall von Fördermaßnahmen) ist ein besonders sorgsamer Umgang in Gesprächssituationen nötig, um die möglichen Konsequenzen für das Kind sensibel begleiten zu können. Gerade die letzten Jahre mit den zahlreichen krisenhaften Veränderungen in unserer Gesellschaft (Pandemie, Krieg, Klimakrise, Flüchtlingswelle) machen einen noch intensiveren Dialog der Erziehungspartner*innen nötig, um die besonders augenfälligen Auswirkungen auf die Kindesentwicklung gemeinsam aufzufangen und händelbar zu machen. Möglicherweise führt dieser offene, intensive Austausch zur Vertretung gemeinsamer Interessen in Bezug auf die Verbesserung von Bildungsvoraussetzungen und Bildungschancen in Schule und Familie.

2 SPEZIFISCHE HERAUSFORDERUNGEN DER AKTUELLEN ELTERN- UND PÄDAGOG*INNEN-GENERATION

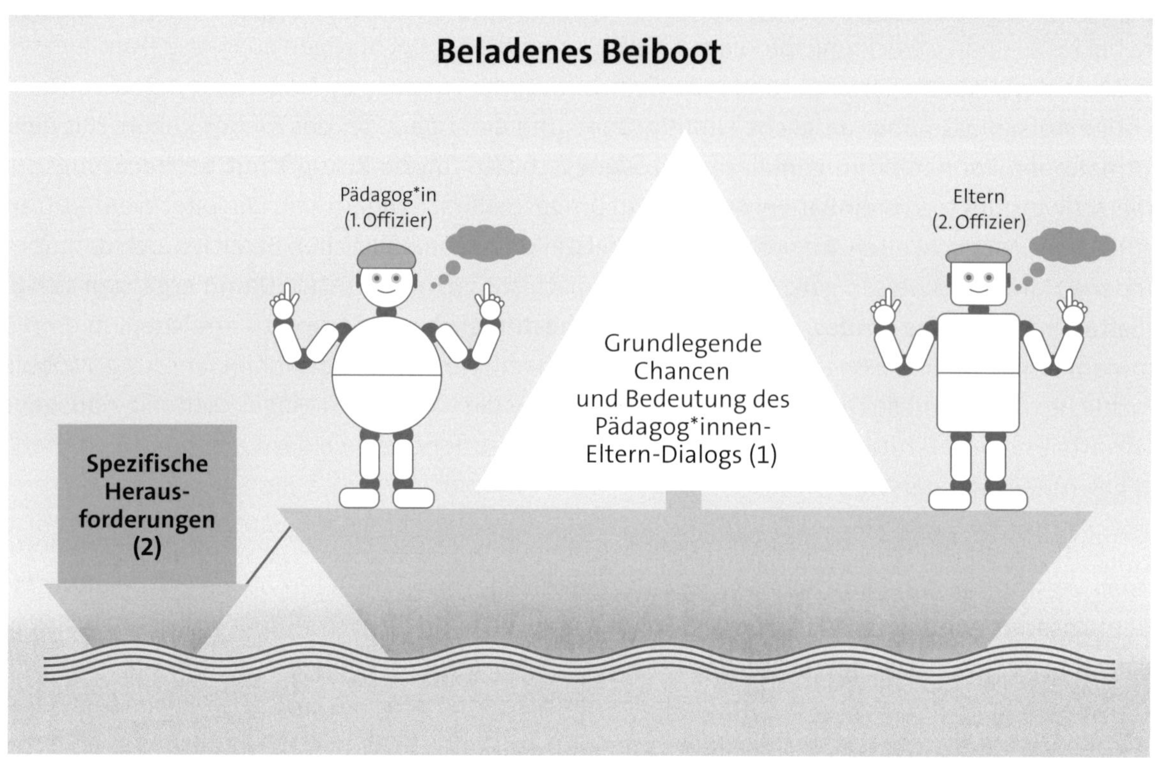

2.1 Besonderheiten und spezifische Herausforderungen der heutigen Elterngeneration

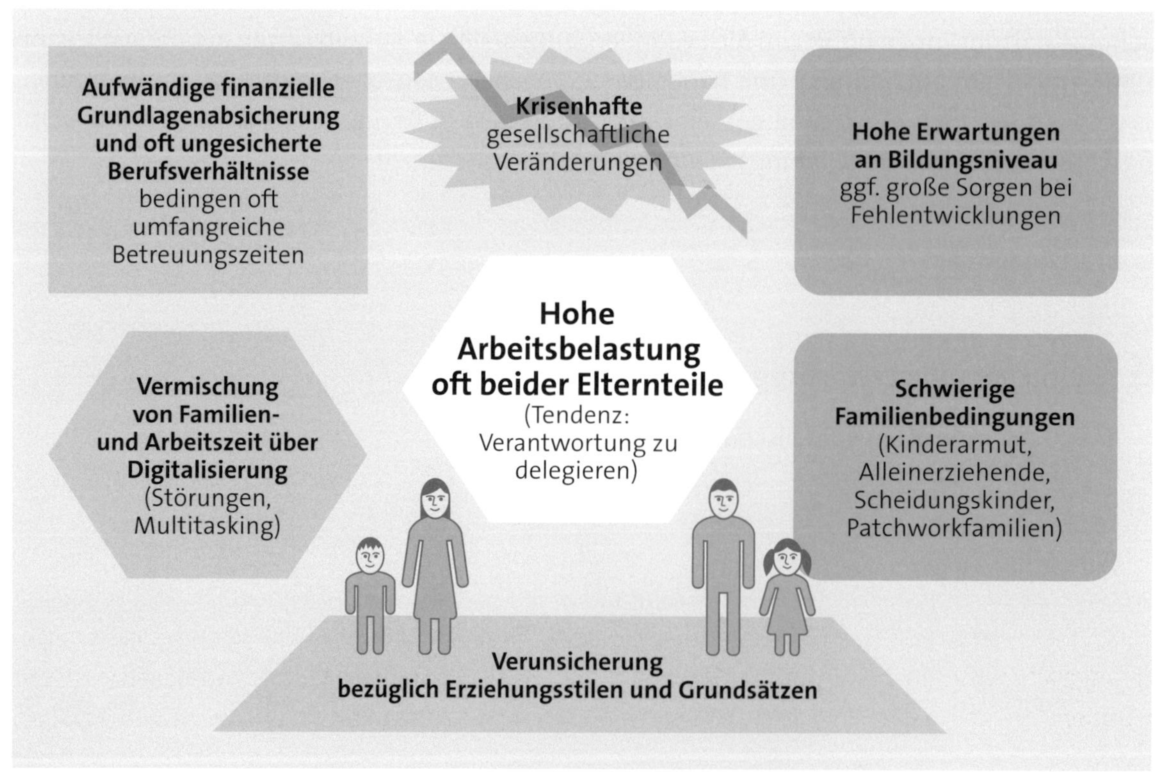

2.1.1 Veränderte Erziehungssituation durch hohe allgemeine Familienbelastungen

Die heute häufig anzutreffende Erziehungssituation ist geprägt durch das berufliche Engagement beider Elternteile, das ein **hohes Maß an organisatorischem und kommunikativem Aufwand** beinhaltet, der jeweils mit großer Flexibilität gehändelt werden muss. Unter diesen Voraussetzungen sollte die Betreuungssituation verlässlich geregelt und angepasst werden, was vielerorts nicht immer unkompliziert lösbar ist. Von vielen Eltern hören wir zudem, dass besonders die in jüngster Zeit zunehmend **ungesicherten Berufsverhältnisse mit entsprechender Flexibilität und Mobilität** ohne langfristige Planungssicherheit eine Herausforderung im Erziehungsumfeld jüngerer Kinder darstellen. Aber auch Eltern von heranwachsenden Jugendlichen äußern vielfach Sorgen, dass diese während der unbetreuten Zeit möglicherweise vielen negativen Einflüssen (medial, aber auch durch ungünstige Peergruppen) ausgesetzt sind, die nicht mehr in dem notwendigen Maß von ihnen kontrolliert werden können. Hinzu kommt es im häuslichen Umfeld – durch die Pandemiebedingungen begünstigt – vermehrt zu **Vermischungen von Familien- und Arbeitszeit** mit notwendigem Multitasking, die vielfach zu Störungen in den verlässlichen Abläufen und Kommunikationen in beiden Bereichen führen. Dies erzeugt einen nicht unerheblichen Stressfaktor, der sich negativ auf das Zusammenleben in der Familie, aber auch auf das Arbeitsergebnis auswirken kann. Ein weiterer erheblicher Belastungsfaktor stellt für viele Familien heute die **finanzielle Grundlagenabsicherung** dar, insbesondere Miete sowie Energie- und Lebenshaltungskosten. Meistens ist es deshalb notwendig, dass beide Elternteile in hohem Maße zum Familieneinkommen beitragen. Dies erfordert andererseits **umfangreiche Betreuungszeiten durch unterschiedliche Miterziehende** (Großeltern, Kita, Hort usw.) vielfach ab Beginn des zweiten Lebensjahres.

Dabei muss zusätzlich berücksichtigt werden, dass Betreuungsplätze heute vielfach nur begrenzt vorhanden bzw. u. U. mit erheblichen Kosten verbunden sind. Hinzu kommt, dass die Verlässlichkeit dort nicht immer gegeben ist und somit schnelle und flexible Alternativen organisiert werden müssen. Insbesondere bei zusätzlichen **unvorhersehbaren Ereignissen** wie Krankheit, Umzug, Pflege der Großeltern o. Ä. geraten diese **hochbelasteten Familiensysteme schnell an ihre Grenzen** und das zeigt sich nicht selten in Auffälligkeiten bei den Kindern. Weitere Belastungsfaktoren der heutigen Erziehungssituation können offenere Familienstrukturen sein (Patchworkfamilien, getrenntlebende Erziehende) und im besonderen Maße Scheidungssituationen und das Leben als Alleinerziehende.

Grundsätzlich kommt es durch **krisenhafte gesellschaftliche Veränderungen** wie Pandemie, Kriegssituationen, Energiekrise, Klimawandel, Inflation usw. u. U. zu ganz besonderen Grenzbelastungen, die das Familienleben in allen Bereichen tangieren und das verlässliche Miteinander erschweren können. Gesellschaftliche Unterstützungen sind in diesen Situationen leider oft nicht ausreichend und überlassen den Eltern den Umgang mit diesen erschwerenden Faktoren in größerem Umfang.

2.1.2 Vielfache hohe Erwartungen an Erziehung und Bildung

Im Zuge der Leistungsgesellschaft, aber auch durch die Ausweitung der Betreuungszeiten und eigener hoher beruflicher und familiärer Belastungen sind oft **hohe Erwartungen an die Bildungskompetenz der Einrichtungen** verbunden. Gerade bei Erziehungsschwierigkeiten, die schnell verunsichern und möglicherweise überfordern, ist die verbreitete Tendenz zu beobachten, diese an die pädagogischen Fachkräfte zu delegieren und damit die eigene Verantwortungslast zu reduzieren. Unterstützend dazu trägt bei, dass die Ansprüche an Bildung und Erziehung von vielen Eltern sehr hoch angesetzt werden und **damit die Sorgen bei möglichen Fehlentwicklungen entsprechend belasten.** Zudem haben unsere Gespräche mit vielen Eltern ergeben, dass heute ein verbreitet starkes Bewusstsein dafür besteht, dass eigene Erziehungsfehler und Problematiken im häuslichen Umfeld schwer wiegen und oft lebenslange Auswirkungen auf das Kind haben können. Die dadurch möglicherweise erzeugten Schuld- oder Schamgefühle, die hoch belastend sein können, führen unter Umständen dazu, die Verantwortung verstärkt auf die Pädagog*innenseite zu verschieben und diese für eine Fehlentwicklung des Kindes verantwortlich zu machen.

2.1.3 Unterschiedliche Erziehungsstile und -vorstellungen

In der heutigen Elterngeneration sind in der Regel beide Elternteile in einem erheblichen Maße an der Erziehung der Kinder beteiligt, nicht selten zu gleichen Teilen. Während in früheren Generationen die Rollen klarer definiert waren, kommt es heute zu unterschiedlichsten Konstellationen, in denen viele verschiedene Modelle realisiert werden können (vgl. Sacher 2019, S. 118ff). Diese **gemeinsame Verantwortung für die Erziehung setzt durchaus viele positive Akzente im Hinblick auf die Realisierung späterer Familiengründungen,** ermöglicht sie doch eine Offenheit bezüglich der Zuständigkeiten und Aufgaben im Rahmen eines Familienlebens. Andererseits könnten aber daraus auch Unsicherheiten bezüglich der täglichen Aufgaben und der Verantwortung im Erziehungsgeschehen entstehen.

Immer wieder beobachten wir **Verunsicherungen bezüglich Erziehungsgrundsätzen und -stilen bei den heutigen Eltern,** die eher zu permissiven Tendenzen führen und infolgedessen das Schulgeschehen im häuslichen Rahmen nicht ausreichend förderlich unterstützen. Wie Hurrelmann schon 2006 bestätigte, realisiert nur ein Fünftel der Eltern in Deutschland einen autoritativ-partizipativen Erziehungsstil, der die Kinder nachweislich während ihrer Schulzeit im häuslichen Umfeld am effektivsten unterstützt und voranbringt (vgl. Sacher 2019, S. 131). Aus Unsicherheit und als Folge der eigenen Erziehungserfahrung werden häufig ungünstigere Erziehungsstile realisiert, wie z. B. überbehütend, vernachlässigend oder autoritär, die die schulischen Bemühungen nicht unbedingt positiv begleiten (vgl. Sacher 2019, S. 126 ff). Hinzu kommt, dass u. U. weitere Miterziehende unterschiedliche Erziehungsformen anwenden, die ggf. zu Irritationen bei den Kindern führen können, insbesondere, wenn sie widersprüchlich sind. Besondere Herausforderungen stellen Eltern mit anderen kulturellen und ethnischen Hintergründen dar, die mitunter konträre Erziehungsvorstellungen repräsentieren und im häuslichen Rahmen umsetzen. Nicht selten verbinden sie mit Erziehungseinrichtungen ganz andere, viel strengere Grundsätze und Vorgehensweisen insbesondere in Konfliktsituationen.

Unsere Erfahrungen in den unterschiedlichen Schultypen spiegeln uns, dass von Elternseite manchmal recht verschiedene Bildungsschwerpunkte im Vordergrund stehen und damit jeweils andere Interessen und Zielsetzungen verbunden sein können, wie z. B. **eine starke Persönlichkeitsorientierung oder andererseits eine starke Leistungsorientierung**. Dies führt zu unterschiedlichen Erwartungen hinsichtlich des Unterrichts und des Umgangs der Pädagog*innen im Erziehungsgeschehen.

2.1.4 Mögliche Erziehungsproblematiken bei besonders schwierigen Familien- und Umgebungsbedingungen

Aufgrund der heutigen gesellschaftlichen Verhältnisse sind **besonders schwierige Erziehungssituationen in Kinderarmut möglich,** von denen 15 bis 16 % der Bevölkerung in Deutschland betroffen sind. Auch **Geschiedene** (jedes 10. Kind ist ein Scheidungskind) und **Alleinerziehende** (23,3 %, davon 90 % Mütter) haben oft Berührungsängste mit Schule, z. B. aufgrund von Überlastung, Schamgefühl, die eine Erziehungspartnerschaft mit Einrichtungen beeinträchtigen. Eine direkte Kommunikation mit allen Erziehungsberechtigten gemeinsam ist unter diesen Umständen oft recht schwierig. Eine Sondersituation besteht für **Eltern mit Migrationshintergrund** und ggf. entsprechenden Sprachbarrieren und grundsätzlich auch für Geflüchtete mit möglichen Traumatisierungen. Darüber hinaus kann es nur sehr schwer erreichbare Elternteile geben, die in vielen Bereichen mit der Erziehung ihrer Kinder überfordert sind, besonders aufgrund von psychischen oder anderen krankheitsbedingten Gründen. Hier sind die Schulen besonders gefordert, den Kindern alternative Unterstützung zur Verfügung zu stellen über den Hinweis auf Familienhilfe und andere soziale Träger.

Unsere Empfehlung an Sie als Pädagog*in ist aus unserer Erfahrung heraus, dass manche Gesprächsunterstützung sicher notwendig und hilfreich wäre, aber auch hier die Grenzen der Leistbarkeit für den Einzelfall unbedingt beachtet werden sollten.

2.2 Spezifische Herausforderungen der heutigen Pädagog*innengeneration

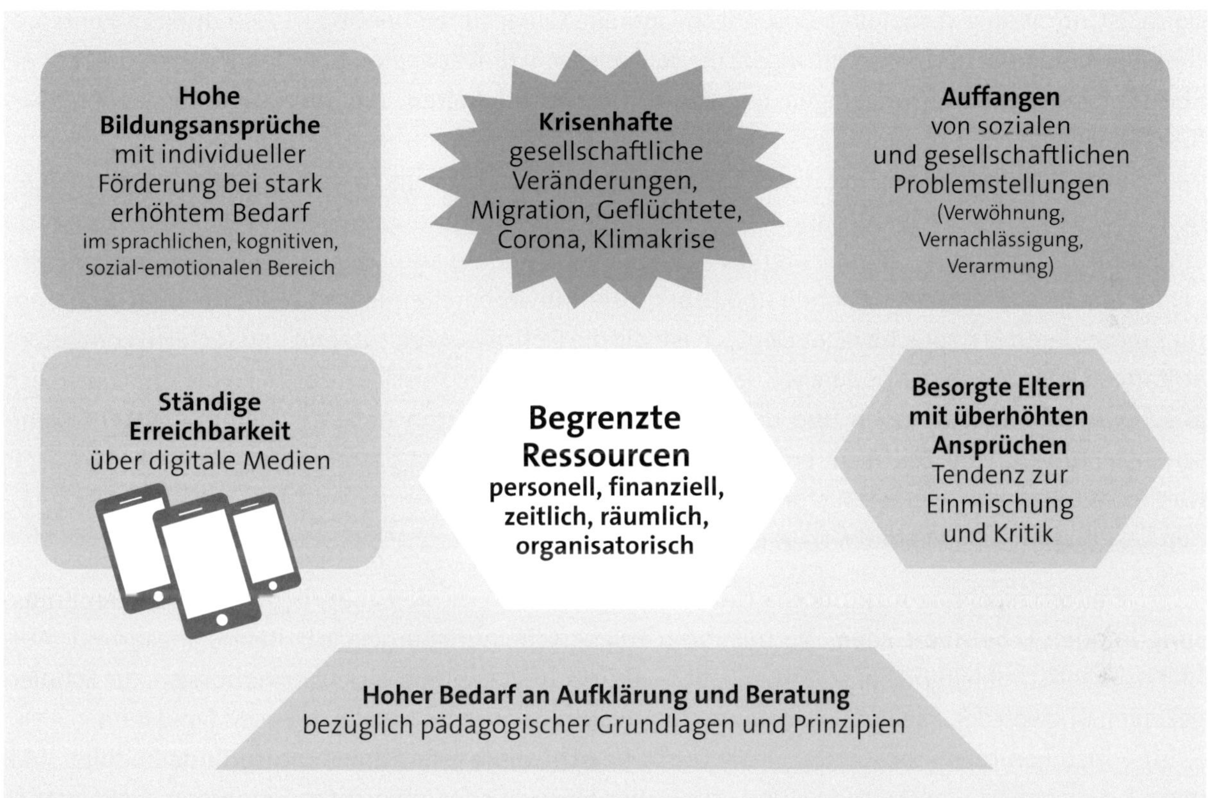

2.2.1 Hohe Bildungsansprüche bei erhöhtem Förderbedarf mit begrenzten Ressourcen

Unsere Beobachtungen in den verschiedensten Schultypen verdeutlichen uns immer wieder, dass die Pädagog*innen mit sehr **hohem Bildungsanspruch** an ihre vielfältigen Aufgaben herangehen. Dabei ist ihnen eine **individuell abgestimmte Förderung** mit entwicklungsgerechten Anreizen eines jeden einzelnen Kindes unter Berücksichtigung persönlicher Entfaltungsspielräume besonders wichtig.

Diesem hohen Bildungsanspruch gerecht zu werden, ist bei den **verschiedensten Förderbedarfen im kognitiven, aber vor allem im sozial-emotionalen und psychischen Bereich** in den üblicherweise großen Klassenverbänden eine schwierige, tagtäglich herausfordernde Aufgabe. Dabei finden die Pädagog*innen in den meisten Schulen nicht die dafür nötigen Voraussetzungen bzw. digitalen Grundlagen und das entsprechende Fachpersonal in befriedigender Weise. Vor allem fehlt es an qualifizierten Sozialarbeiter*innen, Schulpsycholog*innen, Ergotherapeut*innen, Mediator*innen usw., aber auch an entsprechenden **zeitlichen, organisatorischen, räumlichen und materiellen Ressourcen.**

So investieren Kolleg*innen nicht selten ihre Freizeit und eigene finanzielle und materielle Mittel, um diese Lücken wenigstens teilweise auszufüllen. Darüber hinaus fällt den pädagogischen Einrichtungen heute zusätzlich die Aufgabe zu, **gesellschaftlich und sozial bedingte Problemstellungen aufzufangen**, die häufig mit psychischen Auffälligkeiten bzw. Krankheiten verbunden sind und Verhaltensprobleme in Gruppenzusammenhängen nach sich ziehen.

Diese zunehmende Aufgabenvielfalt, die Schulen heute zu bewältigen haben, besteht vor dem Hintergrund eines inzwischen in ganz Deutschland offenkundigen **Lehrkräfte- bzw. auch Erzieher*innenmangels.** Das bedeutet, dass ihre hochwertige pädagogische Mehrarbeit unter ungünstigeren personellen Bedingungen geleistet werden muss. Zur Abmilderung der entstandenen Lücken im Bildungssystem werden zwar immer mehr Quereinsteiger*innen aus anderen Fachbereichen angeworben, die aber oft gleich vor Ort pädagogische Aufgaben zu übernehmen haben, auf die sie meist nur wenig vorbereitet sind. Diese Quereinsteiger*innen benötigen also dringend entsprechende Übergänge und Einarbeitungen, die teilweise von den Kollegien bzw. Teams noch „nebenbei" über entsprechende Einweisungen und **Mentor*innentätigkeiten** mit übernommen werden. Dies führt in vielen Fällen zu besonders zeit- und kraftraubenden Mehrbelastungen, die nicht selten zur dauerhaften Überforderung mit hoher Gefährdung des Ausbrennens führen. Das alles zusammengenommen, schränkt die Bildungsqualität insgesamt sowie die notwendigen Fördermaßnahmen in empfindlicher Weise ein. Denn es fehlt daneben insbesondere an pädagogisch begleitendem Fachpersonal wie Sonderpädagog*innen und Lehrkräften für vorbereitende und separate Sprachtrainings für Kinder, deren Erstsprache nicht Deutsch ist, die die Defizite unterstützend und fachlich kompetent auffangen könnten. Insbesondere vor dem Hintergrund und der Aussicht, dass sich die Lage bezüglich ausgebildeter Pädagog*innen und der finanziellen Ressourcen in unserem Bildungssystem wahrscheinlich in nächster Zeit nicht entscheidend verbessern wird, ist das eine zusätzliche Erschwernis für die aktuell schon sehr herausfordernde Tätigkeit der Pädagog*innen mit ihrer ausgesprochen hohen gesellschaftlichen Verantwortung.

Weiterhin sehr herausfordernd für die Pädagog*innen ist die zunehmende **mediale Beeinflussung in allen Lebensbereichen,** die mit ihren Folgeerscheinungen, wie z. B. Bewegungsarmut, Aufmerksamkeitsproblematiken, Kommunikationsdefiziten, Sozialphobien, Cybermobbing in die Schulen getragen und von den Pädagog*innen aufgefangen und bearbeitet werden müssen (vgl. Hennig 2006, S. 19). Hinzu kommen Problematiken, die durch **verschiedene Migrationshintergründe** bedingt sind, wie z. B. Sprachbarrieren, kulturelle und ethnische Unterschiede und nicht zu vergessen die Belastungen durch Fluchtsituationen (Traumata, Aufsplitterung der Familien, Existenzängste usw.), wie auch die bereits ausgeführten **krisenhaften Veränderungen** der Gesellschaft einschließlich der Covid-Pandemie.

Um diese vielfältigen Problematiken, die sich ganz besonders bei den Kindern offenbaren, aufzufangen, fehlt es vor Ort an zeitlichen, personellen, finanziellen und materiellen Ressourcen, was wiederum dazu führt, dass die Pädagog*innen sich mit den dadurch entstehenden Defiziten und Problemlagen auseinandersetzen müssen. **Diese Situation widerspricht ihrem eigentlichen Anspruch, jedem Kind gerecht zu werden** in hohem Maße und führt nicht selten zu **Demotivation,** Verzweiflung und letztendlichem Ausbrennen. Hier wäre ein umgehendes Gegensteuern notwendig und unbedingt wünschenswert, denn diese Gesamtproblematiken wirken sich mitunter diffus auf die Atmosphäre und das Miteinander im Kolleg*innenkreis aus. Aufzufangen wären diese Prozesse gut durch begleitende Supervision, Mediation und Fortbildung, aber auch durch individuelle psychologische Begleitung.

2.2.2 Gewünschte gemeinsame Erziehungsverantwortung mit Eltern unter eingeschränkten Möglichkeiten

Die **gemeinsame Verantwortung** wird von den Pädagog*innen durchaus gesehen, **wertgeschätzt,** gewünscht und in vielen Situationen im Sinne des Kindes angenommen und umgesetzt. Um eine enge Abstimmung mit gemeinsamen Entwicklungszielen über die Jahre hinweg zu gewährleisten, sind neben regelmäßigen Entwicklungsgesprächen auch immer wieder kürzere Absprachen erforderlich. **Dafür sind die zeitlichen Ressourcen auf beiden Seiten in der Regel recht knapp,** was die erzieherischen Möglichkeiten unter Umständen einschränkt und von Pädagog*innen-, aber auch Elternseite oft bedauert wird. Insbesondere die seit Jahren zunehmenden bürokratischen und organisatorischen Zusatzarbeiten, erschweren die Bereitstellung dieser nötigen Ressourcen, was bei vielen Pädagog*innen ein **inneres Dilemma** auslöst. Dies ist besonders deshalb nicht befriedigend, **weil viele Eltern in Problemsituationen fundierte pädagogische Unterstützung bräuchten.** Gerade die vielfältig belasteten, teilweise überforderten Familiensysteme sind zuweilen nur schwer in der Lage, die anvisierten Fördermaßnahmen zu Hause entsprechend umzusetzen. Dies braucht seitens des Pädagogen bzw. der Pädagogin ein Arrangement und die Akzeptanz des tatsächlich Realisierbaren, aber auch die Professionalität, die mögliche Enttäuschung darüber nicht auf das Kind zu übertragen.

Weitere eventuelle Beeinträchtigungen des Dialogs können dann auftreten, **wenn Eltern die Kompetenz der pädagogischen Maßnahmen infrage stellen** und versuchen, korrigierend in die Entscheidungen der Pädagog*innen einzugreifen. Viele daraus resultierende Mediationsgespräche haben uns gezeigt, dass Eltern zuweilen aus Sorge um ihr Kind übersteigerte Forderungen an die Pädagog*innen stellen, die diese oftmals stark belasten und im pädagogischen Kontext so nicht umsetzbar sind, weil sie sehr individuell geprägt sind.

Insbesondere bei aufkommenden Erziehungsproblematiken, die bei Eltern oftmals mit großen Sorgen einhergehen, beobachten wir die Tendenz, dass **die Pädagog*innenseite nicht selten unberechtigterweise für diese Fehlentwicklung verantwortlich gemacht** wird. Dies schränkt einen konstruktiven Austausch ein und wird uns von Pädagog*innen als äußerst belastend geschildert, weil ihre Identität dadurch infrage gestellt wird, was wiederum leicht Zweifel an der eigenen Person, aber auch der fachlichen Kompetenz auslöst. Diese Umstände verlangen von den Pädagog*innen insbesondere eine große professionelle Distanz (vgl. Kap. 10.2) sowie sogar u. U. zielgerichtete und effektive Erste-Hilfe-Maßnahmen bei Übergriffigkeiten (vgl. Kap. 12).

Durch die **ständige Erreichbarkeit über die digitalen Medien** werden die Pädagog*innen häufig mit vielen individuellen, aktuellen Anfragen teilweise relativ bedeutungslos oder sogar übergriffig konfrontiert. Selbst im Rahmen ihrer Freizeit stehen sie oft vor der Entscheidung, dem Informationswunsch sofort nachzukommen oder erst zu gegebener Zeit bzw. u. U. überhaupt nicht. Dies kann zu erheblichen Störungen und **nervlichen Belastungen im Tagesablauf führen** und zusätzlich den Pädagog*innen-Eltern-Dialog belasten. Nicht selten werden digitale Medien für spezielle Elterngruppen genutzt, um schnell und teilweise ungefiltert Informationen untereinander auszutauschen, was häufig sehr konstruktiv gehandhabt wird, aber u. U. auch Aktionen und Entscheidungen der Pädagog*innen unterlaufen kann.

2.2.3 Schwächen des Bildungssystems hinsichtlich der Autorität von Pädagog*innen und ihrer Erziehungsmöglichkeiten

Da die Autorität von Pädagog*innen von einigen Eltern und damit auch teilweise von Schüler*innen heute verstärkt infrage gestellt wird (wie auch zunehmend andere Autoritäten wie

Ärzt*innen, Politiker*innen, Verwaltungskräfte usw.), möchten wir damit zusammenhängend auf die auffällige Schwächung des Bildungssystems generell hinweisen. Durch **Zusammenlegung bzw. Abschaffung bestimmter Schulzweige** (Sonderschulen, Zusammenführung von Haupt- und Realschulen) ist durch die unterschiedlichen Leistungsvoraussetzungen u. U. verbunden mit Verhaltensproblematiken eine befriedigende und konstruktive Arbeit stark erschwert und teilweise kaum noch leistbar. Zudem transportiert das Bildungssystem nach unserer Erfahrung für die Beteiligten, aber auch nach außen, **nicht klar genug geordnete Strukturen, eindeutige Regeln mit folgerichtigen Konsequenzen für alle und damit einhergehenden Werten unserer Gesellschaft.** Diese fehlenden Strukturen haben unseres Erachtens nach vielerorts unter den Pädagog*innen zur Folge, dass sie zunehmend verunsichert sind, welche Maßnahmen der Regulierung sie ohne Gegenwehr gegenüber Schüler*innen und Eltern vertreten können. Das führt bei den in der Entwicklung befindlichen Heranwachsenden, insbesondere im Pubertätsalter, teilweise zu Unklarheiten und wird von nicht wenigen als vermeintliche Schwäche der Lehrkräfte bzw. des Systems ausgelegt. So beobachten wir gerade in diesem dafür empfänglichen Alter einige Übertretungen bis hin zu groben Beleidigungen oder Beschädigungen, im schlimmsten Fall Vandalismus. Dem kann von Pädagog*innen- wie Leitungsebene mancherorts kaum noch wirksam begegnet werden, vor allem wenn die verantwortlichen Eltern die Maßnahmen der Lehrkräfte bzw. der Schule infrage stellen und ihre Kinder bezüglich der Verstöße in Schutz nehmen. Da die Pädagog*innen diese strukturellen Schwierigkeiten keinesfalls im Kolleg*innenkreis allein lösen können, bleibt von der Bildungspolitik und den Verbänden her grundsätzlich zu überlegen, inwieweit das System so angepasst werden kann, dass es die **Lehrenden und Erziehenden, aber auch Leitenden grundsätzlich besser schützt und stärkt.** Der verbreitete Pädagog*innenmangel ist unseres Erachtens nicht nur auf die immer umfangreicheren, auch zunehmend bürokratischen Aufgaben und Verantwortlichkeiten des Berufs zurückzuführen, sondern hängt eng mit den grundsätzlichen Arbeitsbedingungen, ihrer Autorität und ihren Handlungsmöglichkeiten vor Ort zusammen. Hier ist eine Schieflage entstanden, die den Bildungsträgern zu wenig Möglichkeiten in die Hand gibt, die erwünschten Werte und Rechte der Gemeinschaft und damit jedes Einzelnen zu vermitteln und zu schützen. Das bedeutet für uns nicht unbedingt gleich härtere Sanktionen wie vor Jahrzehnten üblich, aber doch spürbare und **entsprechend des Vergehens angemessene Konsequenzen, die für alle sichtbar sind und längerfristige Wirkungen erzielen sollten.** Nur über diesen deutlichen Weg für alle, der von allen Erziehenden – auch den Eltern – klar vertreten wird, können Kinder und Jugendliche Grenzen erfahren und die dahinterliegenden Werte wie Rücksichtnahme, Toleranz, Gleichberechtigung, Schutz von Schwächeren, Respekt vor dem Eigentum, Gewaltlosigkeit Stück für Stück lernen und in ihr Leben übertragen. Sie sind schließlich ein wichtiger Kompass für ein gelingendes Leben und Zusammenleben. Es lohnt sich für alle, diese weiterzugeben, was aber nur gelingt, wenn sie auch klar vertreten und gelebt werden. Über diese Konzepte könnten die Lehrenden gestärkt werden, die Gesellschaft von der Basis her gestützt und den Heranwachsenden eine klare Orientierung mitgegeben werden, die nicht unbedingt von persönlichem Profit und Konsum geprägt wäre.

2.3 Erwartbare zukünftige gemeinsame Herausforderungen aller Erziehungspartner*innen

Die heute schon sichtbaren, wenn auch noch nicht ganz abschätzbaren Auswirkungen der klimatischen Herausforderungen für die heranwachsenden Generationen unserer Erde lassen zumindest erahnen, dass deren Bewältigung hohe finanzielle Aufwendungen, tiefgreifende energetische und wirtschaftliche Veränderungen, aber vor allem auch empfindliche Einschränkungen der Ressourcen für alle nach sich ziehen dürfte. Damit werden sich viele entscheidende Notwendigkeiten im

Rahmen der Erziehung verknüpfen, die nicht nur auf Nachhaltigkeit und Sparsamkeit hinsichtlich der Ressourcen zielen, sondern auch bezüglich des Konsums und des Verhaltens innerhalb der Gemeinschaft deutliche Veränderungen erfordern. **Für das Meistern solch gravierender Umstellungen wird nach unserer Einschätzung im sozialen Bereich eine deutliche Abkehr von betont egoistischen Tendenzen hin zu einer Verantwortlichkeit und Rücksichtnahme gegenüber den Schwächeren nötig werden,** die erzieherisch von der Gesellschaft auch im Rahmen von Bildung unbedingt geleistet werden muss. Hierfür ist ein entsprechendes Bewusstsein der Bildungsträger, aber vor allem auch eine einvernehmliche, kooperative Haltung von Pädagog*innen in den Schulen und der Elternschaft zu Hause nötig. Unter diesen erwartbaren Bedingungen rückt also die Bedeutung eines gelingenden Pädagog*innen-Eltern-Dialogs umso mehr in den Fokus, sollen die Kinder ausreichend Resilienz ausbilden, aber auch gleichzeitig Initiative und Innovativkraft verbunden mit Optimismus. Um diese gewiss großen Anstrengungen für die Jugend überhaupt bewältigen zu können, braucht es dafür umso mehr **miteinander abgestimmte Wege und Maßnahmen, die in die gleiche Richtung zeigen und damit Orientierung und Halt ausstrahlen.** Verläuft dieser Prozess miteinander nur stockend oder gar mit vielen Vorbehalten und besonders kritischer Haltung der anderen Erziehungsseite gegenüber, so kann der Effekt für die Zukunft vielleicht zu schwach für ein erfolgreiches Meistern gerade dieser Klimaklippen sein, die u. U. existenziell sein könnten. Unter diesen Bedingungen sind mediative Verständigungsebenen mit Blick auf gemeinsame Bedürfnisse und Ziele noch entscheidender, möchte man den Entwicklungsprozess stabil und erfolgsorientiert gestalten.

3 ÜBERBLICK ÜBER MÖGLICHE VORBEHALTE UND SCHWIERIGKEITEN IM PÄDAGOG*INNEN-ELTERN-DIALOG

Flaute

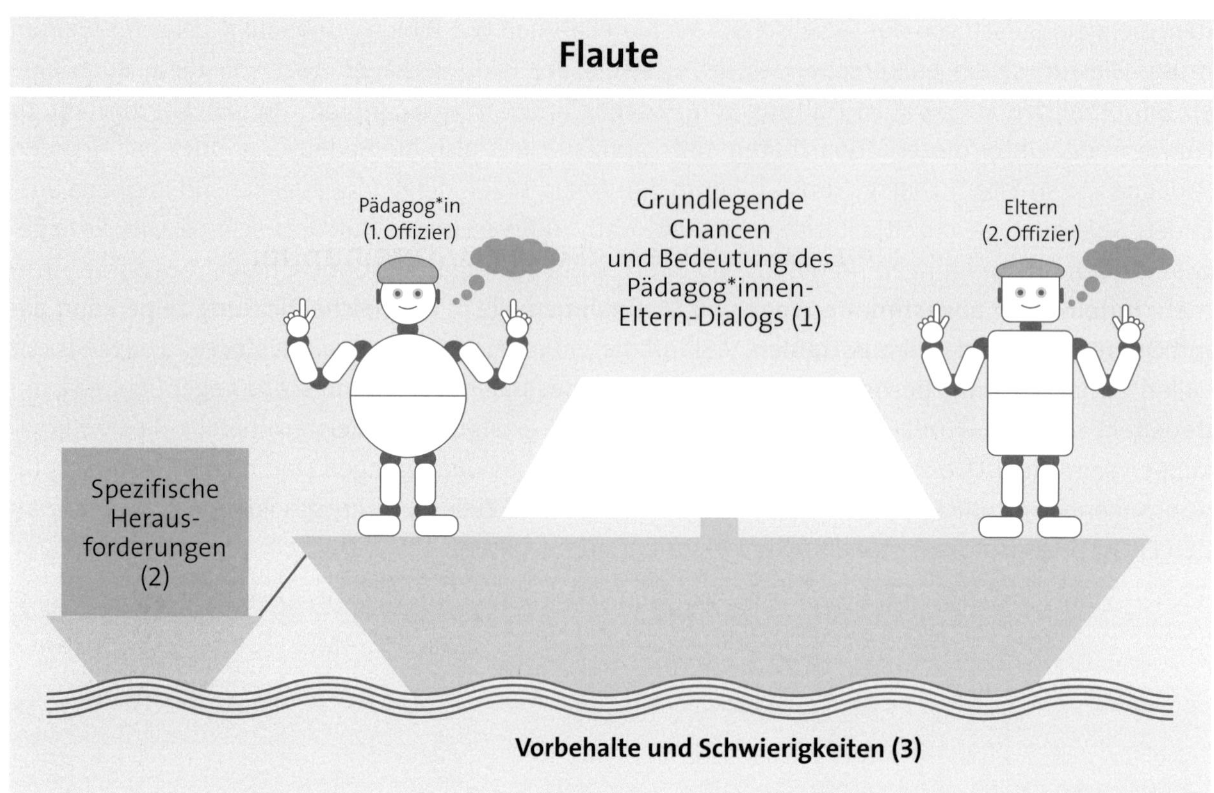

Höchste Identifikationen – hohe Erwartungen
unterschiedliche Schwerpunkte
(Gruppe – individuell),
begrenzte Ressourcen (Zeit, Kraft, Kompetenz),
Verschleierung? Prägende Vorerfahrungen?
Projektionen?

Pädagog*innen

Mögliche Vorbehalte

- Eltern überschätzen päd. Leistbarkeit in Einrichtung?
- Eingeschränkter Respekt und zu viel Einmischung?
- Unsicherheit, kein ausreichendes professionelles Gesprächstraining?
- Durch zu viele Förderbedarfe an fachliche Grenzen gelangen?

Eltern

Mögliche Vorbehalte

- Pädagog*innen haben das Sagen?
- Wirkliches Kümmern um mein Kind?
- Überfordert mit Begleitung zu Hause?
- Negative Konsequenzen für mein Kind bei Offenlegung?

Aufgrund unserer vielfältigen Erfahrungen in Seminaren mit Pädagog*innen zum Thema Elterngespräche wurde immer wieder deutlich, wie erhellend und eindrücklich die Reflexionen zu den Hintergründen der Vorbehalte und Schwierigkeiten dieses Dialogs waren. Dies führte oft zu einem tieferen Verständnis für die Voraussetzungen und Erwartungen an das Gegenüber und bildete somit eine fundierte Basis für ein konstruktives und vertrauensvolles Miteinander. Dabei wurden die grundlegenden Schwierigkeiten diskutiert, aber auch die speziellen möglichen Vorbehalte der Eltern bzw. Pädagog*innenseite. Hieraus können sich anschließend bestimmte Haltungen und mögliche Entlastungen des Dialogs ableiten, die ihn für beide Seiten gewinnbringender und effektiver gestalten lassen.

3.1 Mögliche grundlegende Schwierigkeiten untereinander

Für beide Seiten sind die **begrenzten Zeitmöglichkeiten** eines geplanten Gesprächs, aber auch besonders die häufiger auftretenden, **meist nicht ungestörten Tür-und-Angel-Situationen** problematisch, weil eine abschließende Klärung unter diesen Bedingungen oft nicht befriedigend möglich ist. Zusätzlich erschwert werden diese Gesprächssituationen durch die **nicht unbedingte Freiwilligkeit** mit oft unangenehmem, problematischen Gesprächsinhalt (Eltern müssen teilweise einbestellt werden, aber auch durch die spontanen Wünsche und Ansprachen zwischendurch von Elternseite). Denn es ist nicht immer einfach, die **manchmal unterschiedlichen Einschätzungen von Auffälligkeiten oder Entwicklungsproblemen zu Hause und in der Schule** zusammenzubringen, zu analysieren und zu einem Erziehungskonsens zu führen. Das kann zu Missverständnissen führen, aber auch zu kritischen Einschätzungen hinsichtlich der Kooperationsbereitschaft beider Seiten Erschwerend ist der Aspekt der möglichen **gegenseitigen Ungewissheiten** über die verschiedenen Erziehungsbereiche und ihre Bedingungen, weil nicht immer realistische Vorstellungen von den Möglichkeiten des Gegenübers bestehen. Dies trifft besonders häufig bei kulturellen Unterschieden durch verschiedene Migrationshintergründe zu. Hier wären ruhige Zeiten des Austausches in vertrauensvoller Atmosphäre besonders hilfreich, die aber gerade an Schulen in sogenannten Brennpunktbezirken leider oft nicht ausreichend vorhanden sind (vgl. Jensen/Jensen 2016, S. 55).

Damit verbunden sind häufig gegenseitige, oft nicht kommunizierte **hohe Erwartungshaltungen** an die Möglichkeiten der Beeinflussung bzw. Korrektur der anstehenden Erziehungsproblematik, da mögliche Fehlentwicklungen des Kindes zu bedeutungsvollen Konsequenzen führen könnten. Neben den hohen Erwartungshaltungen mit entsprechender Verantwortungslast spielen **höchste Identifikationen beider Seiten** als zusätzlicher Belastungsfaktor eine entscheidende Rolle. So hat für die Eltern die Entwicklung des eigenen Kindes höchste Priorität und für die Pädagog*innen ist es die eigene Klasse, aber auch der ganz persönliche Anspruch an das Bildungsziel und die Erziehungsaufgabe. Diese besonders ausgeprägte Identifikation mit der Erziehungsaufgabe beider Seiten bedingt hohes Engagement und führt schon bei kleineren Einwänden und noch mehr **bei Vorwürfen und Kritik schnell zu Verletzungen,** die leicht emotional belastende Spannungen und Konflikte auslösen. Wir beobachten, dass diese Empfindlichkeiten auf beiden Seiten nicht selten weitere Missverständnisse nach sich ziehen, die unter Umständen zu verdeckten Kommunikationen und möglicherweise auch zu Stimmungsmache und Initiativen gegeneinander führen können. Nicht selten spielen Bedenken oder **Ängste vor Aufdeckung** von unangenehmen Problemen im Hintergrund eine nicht unwichtige Rolle. Gerade bei persönlich sehr belastenden Situationen im häuslichen Umfeld (Trennung, Arbeitslosigkeit, Suchtproblematik oder psychische und andere Erkrankungen) entstehen unter Umständen Schamgefühle, die möglicherweise die Offenheit untereinander einschränken. Aber auch von Pädagog*innenseite führen fachliche Unsicherheit und/oder persönliche Unerfahrenheit und damit verbundene Disziplin- bzw. Erziehungsprobleme zu **Verschleierung,** die eine Verständigung untereinander erschweren.

Beide Seiten bringen zudem teilweise **unbewusste, ganz persönliche Schul-, Kindheits- und Lebensvorerfahrungen** (Gefühle, Ängste, Traumata) mit, die durch die aktuellen Entwicklungsproblematiken mitunter aktiviert werden und eine gewisse Relevanz bekommen können. Sie führen unter Umständen **zu unangemessenen, übersteigerten und unkontrollierten Reaktionen,** die möglicherweise alten Mustern aus der Kindheit folgen (z. B. Eltern fallen in devote oder aufsässige Schüler*innenrolle zurück, Pädagog*innen übernehmen autoritäre Rolle vergangener Vorbilder). Ebenso gibt es z. T. Übertragungsmechanismen, indem von einem Geschwisterkind aufgrund gleicher Familiendynamik auf das nachfolgende Kind geschlossen wird.

3.2 Mögliche spezielle Vorbehalte und Ängste der Eltern gegenüber Pädagog*innen

Aus Elternsicht bestehen **mögliche Ungleichgewichte dadurch, dass die Pädagog*innen Teil des Systems von Schule und Einrichtung sind** und damit die Möglichkeit haben, Einfluss auf administrative Regelungen, Maßnahmen und Entscheidungen nehmen können, die von Elternseite unter Umständen als nicht angemessen angesehen werden und nur schwer veränderbar sind (vgl. Gabriel 2020, S. 3). Derartige Einwände sind nur bedingt und verbunden mit hohem Aufwand durchsetzbar bzw. erfolgversprechend und ziehen nicht selten negative Konsequenzen nach sich. Dieser Umstand verleiht den Pädagog*innen eine **gewisse Machtposition,** die in bestimmten Fällen den Eindruck bei Eltern erweckt, davon möglicherweise abhängig zu sein. Damit verbindet sich u. U. eine grundlegende Skepsis gegenüber Bildungseinrichtungen (vgl. Roggenkamp 2021, S. 87). Im Gegensatz dazu wird besonders kinderlosen jungen Kolleg*innen möglicherweise eine gewisse Inkompetenz unterstellt. Besonders diffizil ist eine Rollenverquickung, wenn Eltern selbst Pädagog*innen sind und natürlich auch umgekehrt.

Eine grundsätzliche Schwierigkeit ist dadurch gegeben, dass **Eltern insbesondere die individuellen Belange ihres Kindes im Blick haben** und das auch genauso von den Pädagog*innen erwarten, während diese besonders auf das funktionierende Gruppengefüge in den entsprechenden Abläufen und Leistungsanforderungen mit den ihnen nur begrenzt zur Verfügung stehenden Ressourcen achten müssen. Insbesondere wenn größere Entwicklungsprobleme beim Kind auftauchen (Förderbedarf, Benachteiligungen, soziale Problemstellungen usw.) und von den Pädagog*innen nicht in der gleichen Dringlichkeit aufgenommen und bearbeitet werden, erzeugt dies unter Umständen ein Gefühl von Hilflosigkeit und Verzweiflung, was die Kooperationsbereitschaft beeinträchtigen könnte. **Denn Eltern möchten heute verstärkt mit einbezogen werden** und besonders dann mitentscheiden, wenn es um Entwicklungsprobleme ihres Kindes geht (vgl. Jensen/Jensen, 2016, S. 45).

Nicht selten empfinden Eltern die Wünsche und **Anforderungen hinsichtlich der häuslichen Unterstützung von pädagogischen Maßnahmen und Förderungen als zu umfangreich** und teilweise überzogen, da diese mitunter außerhalb ihres Kompetenzbereichs liegen. Insbesondere bei eigenen, hohen zeitlichen und emotional geprägten Lebensanforderungen in Beruf und persönlichen Umfeld fühlen sich manche Eltern insbesondere damit überfordert, häusliche Strukturen klar zu setzen bzw. Regelungen zu vereinbaren und konsequent durchzusetzen. Dies bewirkt u. U. Frustabbau in Form von emotional gefärbten und teilweise ungerechtfertigten Kontakten mit den Pädagog*innen. Ebenso kann das auch bedeuten, dass Eltern aufgrund von **Schamgefühl und Ängsten, z. B. wegen sprachlicher Barrieren oder soziokultureller Unterschiede,** ihre häuslichen Defizite gegenüber der Einrichtung nicht offenlegen möchten, um die eigene Funktionalität nach außen hin aufrechtzuerhalten (vgl. Gabriel 2020, S. 4). Hier erfolgt nach unseren Erfahrungen die Kontaktaufnahme zur Einrichtung nicht selten erst bei besonders auffälligen Problemstellungen, sodass die Unterstützung dann in viel umfangreicherem Maße erforderlich werden kann.

Viele betroffene Eltern spiegeln uns, dass sie Vorbehalte haben, sich in bestimmten Fragen über Verhaltensweisen ihres Kindes auszutauschen, weil sie befürchten, dass dies mögliche **unangenehme Konsequenzen im Schulgeschehen** in unterschiedlichsten Ausprägungen haben könnten.

3.3 Mögliche spezielle Vorbehalte und Bedenken der Pädagog*innen im Hinblick auf Eltern

Wie weiter vorn bereits bei den Vorbehalten der Eltern ausgeführt, gibt es auch von Pädagog*innen-Seite die Befürchtung, dass es bei **Eltern unter Umständen zur Fehleinschätzung der pädagogischen Leistbarkeit gegenüber eines jeden Kindes kommt.** Oftmals geraten die **Pädagog*innen unter den oft eingeschränkten Gegebenheiten an ihre zeitlichen und kräftemäßigen Grenzen,** um die offensichtlichen Förderbedarfe zu bedienen und damit den individuellen Wünschen und teilweise auch berechtigten Forderungen der Eltern nachzukommen. Dieses Dilemma gegenüber den Eltern verständlich zu machen, ist nicht immer einfach und führt oft zu Unzufriedenheit auf beiden Seiten. Dies bedingt nicht selten eine gewisse Beeinträchtigung eines unkomplizierten Miteinanders (dazu gehören auch Kooperation bei Veranstaltungen, Festen, Ausflügen usw.) und hat möglicherweise zur Folge, **dass den Pädagog*innen ungerechtfertigterweise Unterlassung bzw. negative Absichten unterstellt werden** (vgl. Sandkamp bei Fischer/Platzbecker 2021, S. 145). Dabei spielt zusätzlich eine gewisse Rolle, dass die Pädagog*innen die sozialen Aspekte (Einordnung, Verzichten, Abgeben, Unterstützung usw.) innerhalb ihrer Gruppen vorzugsweise im Blick haben, während die Eltern eher die individuelle Entwicklung ihres Kindes verfolgen.

Hinzu kommt, dass die **Autorität der Pädagog*innen** mit ihrer fachlichen und sozialpädagogischen Kompetenz bei uns heute nicht mehr den Stellenwert genießt wie noch vor einigen Jahrzehnten (vgl. Kap. 2.2.3). Der sinnvolle und begrüßenswerte Ansatz, Eltern als Erziehungspartner*innen mit einzubeziehen, führt mitunter **zu unerwünschter Einmischung und ggf. Übergriffigkeit** in manchmal respektloser Art und Weise, die als ihre Kompetenz infrage stellend und äußerst kräftezehrend (Burnout fördernd) erlebt wird. Die angesprochenen Vorbehalte werden in manchen Fällen sicher auch durch negative Vorerfahrungen mit anderen Eltern zusätzlich beschwert. Hier spielen **ggf. belastende Vorläufe über Mail, Telefon, aber auch impulsive Gesprächsanfänge und -verläufe** eine nicht unerhebliche verstärkende Rolle, da diese teilweise unbewusste Reaktionsweisen hervorrufen.

Nicht selten werden diese Unsicherheiten im Gespräch und die Scheu vor Konflikten dadurch verstärkt, dass Pädagog*innen **kein ausreichendes Gesprächstraining in ihrer Ausbildung,** aber auch kaum in Fortbildungen erhalten, die ihre professionelle Haltung und nötige Distanz festigen. Daraus folgt mitunter, dass sich Unklarheiten in Bezug auf die verschiedenen Rollen (Entscheider*innenrolle, Berater*innenrolle, Expert*innenrolle) ergeben, die durch eine entsprechende Haltung korrigiert werden könnte. Die Schulung in Gesprächsstrukturen ermöglicht Klarheit über die Hauptproblematik und den „roten Faden" zu halten.

Bei den heute **vielfältigen Förderproblematiken entwickeln Pädagog*innen Unsicherheiten aufgrund oft fehlender fachlicher Beratung** bzgl. der angemessenen Vorgehensweise, was ihnen zuweilen als Inkompetenz ausgelegt wird. Hier werden möglicherweise Ängste hervorgerufen, die an dem gewählten pädagogischen Weg, aber auch an der eigenen Kompetenz (besonders unerfahrene Pädagog*innen, Quereinsteiger*innen) zweifeln lassen. Diese Drucksituationen führt häufig zu Überreaktionen in Form von Anpassung oder zu Rechtfertigung.

3.4 Unser Fazit

Die vielfältigen Vorbehalte und differenzierten Vorstellungen hinsichtlich pädagogischer Förderung beider Seiten machen es notwendig, dass sich beide Erziehungsseiten in allen Kontakten möglichst wertfrei, offen und wertschätzend in mediativer Haltung begegnen. Um Verständnis füreinander zu entwickeln, braucht es deshalb unbedingt **einen Austausch der persönlichen Hintergründe mit Berücksichtigung der Gefühls- und Bedürfnisebene,** um gemeinsam zu zielgerichteten Entwicklungswegen im Sinne des Kindes zu gelangen. Für eine empathische, offene Gesprächsführung mit höherer Kompromissbereitschaft ist eine differenzierte Reflexionsfähigkeit mit Distanzierung von sich selbst förderlich, um die grundlegenden Unterschiede und Herangehensweisen bei diversen Ausgangssituationen und Kulturen zu involvieren. Dies möglichst umfassend umzusetzen, steht in der **Hauptverantwortung der Pädagog*innen** (vgl. Jensen/Jensen 2016, S. 102). Für ein Gespräch auf Augenhöhe vor dem Hintergrund dieser unterschiedlichen Gegebenheiten möchten wir Ihnen deshalb in diesem Buch wichtige Impulse in Form von praktikablen, direkt umsetzbaren Gesprächsleitfäden in mediativem Stil auf wertschätzender Basis im Sinne der Kinder vorstellen.

Dafür sind folgende Ressourcen in ausreichendem Umfang für eine gelingende Zusammenarbeit wünschenswert:

- **eingeplante Arbeitszeiten für Elternarbeit:** Gespräche, Versammlungs- und Gremienarbeit
- ansprechende, ruhige Besprechungsräume mit angenehmer Atmosphäre
- zeitlich mögliche Gesprächszeiten auch für berufstätige Eltern
- **pädagogische Fachkräfte in angemessenem Umfang** vor Ort zur Verfügung stellen (z. B. Einzelfallhelfer, Sozialpädagog*innen)
- **Erziehungsleitlinien der Schule klar festlegen** und den Eltern darlegen, Schwerpunkte der pädagogischen Arbeit von vornherein klar kommunizieren und miteinander abstimmen (z. B. verstärkte Leistungs- bzw. Persönlichkeitsorientierung, musische, sprachliche oder sportliche Orientierung), möglicherweise entsprechende Festlegung im Schulvertrag (vgl. Sacher 2019, S. 133)
- **Qualifizierung für die Elternarbeit schon in der Ausbildung** und auch als begleitende Fortbildung zur Auffrischung, professionelle Gesprächstrainings, da sich viele Kolleg*innen oftmals nicht ausreichend vorbereitet fühlen
- **professionelle Gesprächsbegleitung bei schwierigen Elterngesprächen** (vertraute Kolleg*innen oder Leitungskraft, geschulte Mediator*innen) oder auch ggf. Teilnahme von Vertretern der Erziehungsberatungsstellen, Familienhelfer*innen
- regelmäßige **Supervisionsmöglichkeit**

4 GRUNDPFEILER EINER MEDIATIVEN GESPRÄCHSKULTUR

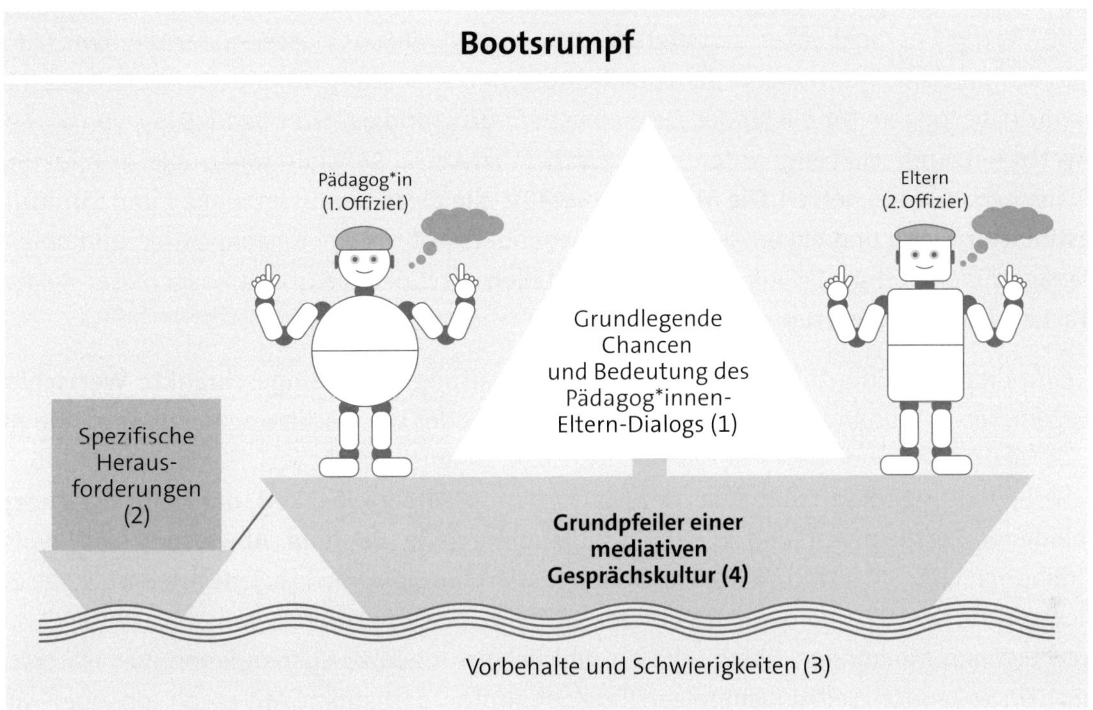

4.1 Leitende Prinzipien

Unsere Erfahrungen machen immer wieder deutlich, dass eine Begegnung auf Augenhöhe mit Offenheit und Respekt entscheidend ist für eine gelingende Erziehungspartnerschaft. Wo diese Basis nicht hergestellt werden kann, entstehen schnell Spannungen, Meinungsverschiedenheiten und Konflikte, deren Beilegung vielfach zeitraubend und psychisch belastend für alle Seiten ist. Bei starker Eskalation kommt es nicht selten zu tiefgreifenden Konsequenzen (Klassen- oder Schulwechsel, u. U. dadurch schmerzliche Trennungen, gerichtliche Auseinandersetzungen) mit erheblichen Beeinträchtigungen, insbesondere für die Kinder. Deshalb ist es von grundlegender Bedeutung, von vornherein eine wertschätzende Haltung, unterstützt durch praktikable, sensible und zugleich effektive Gesprächstechniken, umzusetzen. **Die Mediation vereint alle diese Voraussetzungen und Strukturen in prädestinierter Weise** und eignet sich deshalb besonders gut für einen gelingenden und befördernden Pädagog*innen-Eltern-Dialog. Im Folgenden stellen wir Ihnen die Grundpfeiler dieser mediativen Gesprächskultur detailliert dar.

Grundlegende Priorität hat für die mediative Haltung die **uneingeschränkte Wertschätzung** des Gegenübers unabhängig von seiner Meinung, Rolle oder Voraussetzungen, die erst eine Begegnung als Mensch in seiner Tiefe mit radikalem Respekt möglich macht (vgl. Hartkemeyer 2016, S. 121). Ähnliche Bedeutung für einen mediativen Dialog hat die **Allparteilichkeit, das heißt die Akzeptanz verschiedener Perspektiven und Erziehungsstile ohne jede Be- und Abwertung** mit typischen Zuschreibungen („Er ist einfach zu faul!"). Dahinter steht die Einsicht, dass jeder Mensch seine eigene Wirklichkeit konstruiert, und damit verbunden ist die Notwendigkeit für ein unbelastetes Gespräch, sich von eigenen Meinungen, Vorannahmen und Bewertungen zu suspendieren (vgl. Hartkemeyer 2016, S. 129). So kann ich selbst nicht folgerichtig behaupten, dass meine Ansichten „richtiger" sind als andere (vgl. Beier 2011, S. 13). Spannend hierbei ist, dass solche bewertenden Begrifflichkeiten einer Recht-Unrecht-Schuldsuche wie: „Sie sollten ...", „Sie dürfen nicht ...", „Sie müssten sich nur anstrengen, dann ..." usw. häufig in eine destruktive Erklärungs- und Rechtfertigungsschiene münden (vgl. Aich 2019, S. 147). Durch diese uneingeschränkte Wertschätzung füreinander, verbunden mit einer mediativen Grundhaltung kommt es hingegen **zu einer offenen, ehrlichen menschlichen Begegnung** ohne verdeckte Aktionen, unterstützt durch die **Zusicherung von Vertraulichkeit** gleich zu Beginn des Austauschs (vgl. Gabriel 2020, S. 8). Diese Vertraulichkeit zwischen den Erziehungspartner*innen sollte nur über gegenseitige Verabredungen aufgehoben werden, z. B. durch die abgestimmte Weitergabe gezielter Informationen an das Kind oder externe Unterstützer*innen, was natürlich auch gemeinsam erfolgen kann. Neben diesen entscheidenden Grundwerten bietet die Mediation eine darauf abgestimmte, **klare, zielführende Gesprächsstruktur** mit entsprechendem kommunikativem Handwerkszeug an einem roten Faden entlang. Diese berücksichtigt vor allem die **Bedürfnisse und Umstände jeder Seite in erhellender, hintergründiger Weise,** sodass es nicht zu voreiligen unbedachten Lösungen kommt, sondern zu gemeinsam verhandelten, tragenden zukunftsorientierten Vereinbarungen.

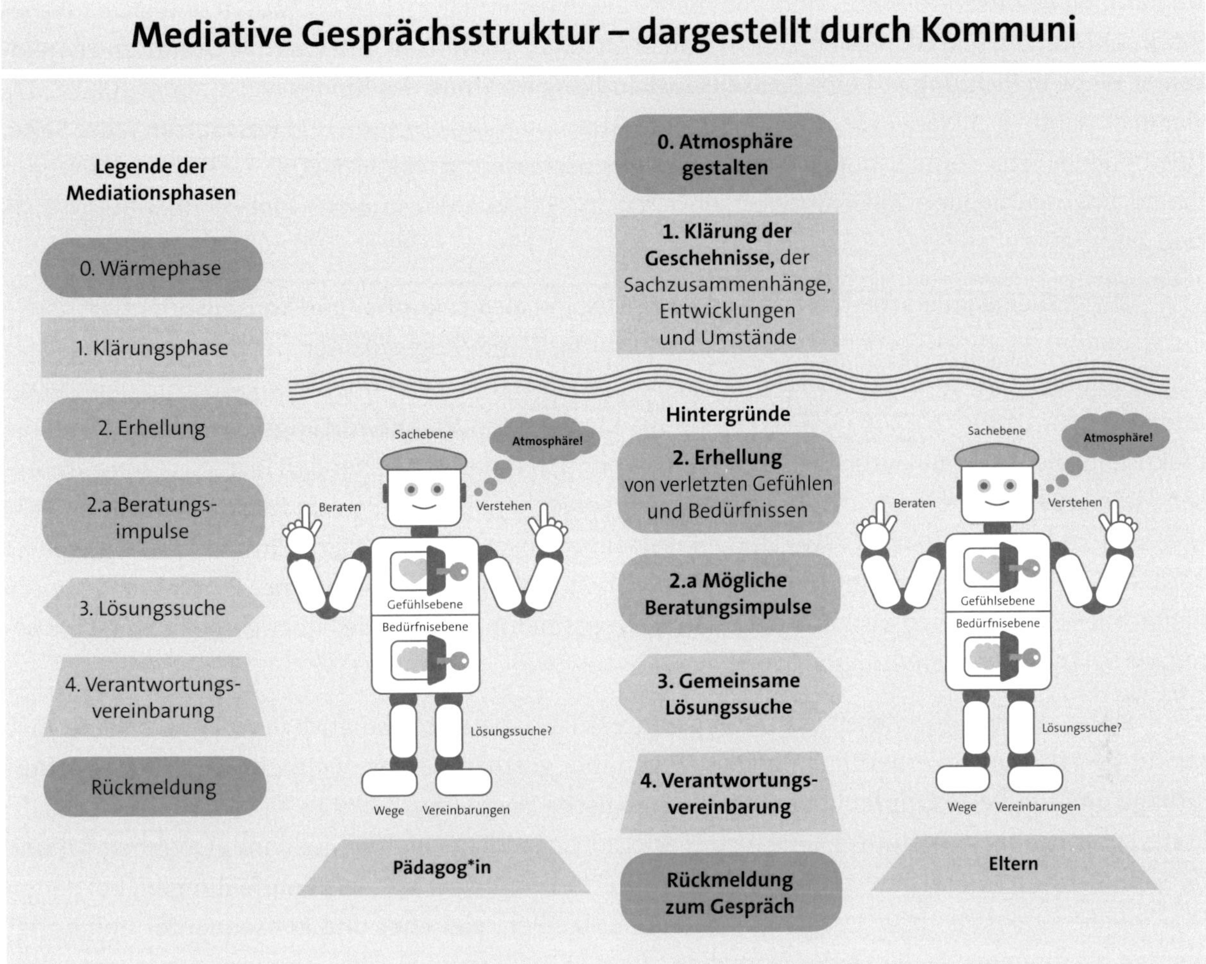

Um diese tieferen kommunikativen Ebenen in mediativer Struktur besser verständlich zu machen, haben wir eine spezielle Kommunikationsfigur, von uns **KOMMUNI** genannt, entwickelt, die diese Verständigungsebenen in Ihrer sinnvollen Abfolge verdeutlicht. Die **Phase des Ankommens und Aufwärmens** für das bevorstehende Gespräch befindet sich in der **Wolke für die Atmosphäre** oberhalb des KOMMUNI. Der **Kopf** des KOMMUNI symbolisiert die **Sachebene,** die zur Klärung der Umstände und Geschehnisse als Ausgangspunkt des jeweiligen Anlasses notwendigerweise zuerst miteinander ausgetauscht werden sollte. Der **Rumpf** unserer Figur symbolisiert nun die tieferen Kommunikationsebenen, die **Gefühls- und darunter die Bedürfnisebene,** die jeweils mit entsprechenden **Gesprächsschlüsseln** geöffnet werden können, um die Hintergründe bzw. Ursachen von Problemen und Konflikten zu erhellen. Diese sind über das Klären der Sachumstände allein nicht unbedingt erkennbar und deshalb in der Grafik unterhalb der Wasseroberfläche gezeichnet. Unterhalb des tragenden Rumpfes mit den Kernelementen des mediativen Vermittlungsprozesses finden sich, symbolisiert durch die **Beine,** die **gemeinsame Lösungssuche** beider Partner*innen. Sie findet in tragenden **Vereinbarungen** für die Zukunft ihren Abschluss, die sich als Wege durch die **Füße** des KOMMUNI darstellen. Abgeschlossen wird der Prozess schließlich durch ein Feedback zum Gesprächsprozess. (Die typischen Phasen des Mediationsprozesses werden dabei durch eine spezifische Kästchenform dargestellt, die sich im Buch entsprechend fortsetzt und so die Struktur klarer erkennbar macht.)

Gerade durch die **gemeinsame Erhellung der Hintergründe** von Erziehungsproblematiken im mediativen Prozess können für beide Seiten wichtige, bisher vielleicht nicht bedachte Erkenntnisse über Ursachen und Zusammenhänge aufgedeckt werden, die entscheidende Entwicklungsimpulse für das Kind bewirken können. Dabei geht es vor allem nicht nur um den Austausch unterschiedlicher Wahrnehmungen und Positionen, sondern auch um das **Überdenken und kreative Gestalten gemeinsamer Wege in Richtung auf eine Konsensaushandlung im Sinne des Kindes** (vgl. Gabriel 2020, S, 17). Der Blick richtet sich dabei vor allem auf die realistischen Möglichkeiten und **Ressourcen jeder Seite,** frei von jeder Fehler- und Schuldsuche bzw. Schuldzuschreibung (vgl. Aich 2019, S. 138), und damit auf die zu übernehmenden Teilverantwortlichkeiten im Entwicklungsprozess (vgl. Hennig 2006, S. 15 und 23).

Die gemeinsam erarbeiteten Lösungsschritte sind **also zukunfts- und konsensorientiert** sowie insbesondere darauf ausgerichtet, die Selbstwirksamkeit und Möglichkeiten der Unterstützung jeder Seite zu nutzen und zu stärken. Fixiert werden diese abgestimmten Entwicklungsschritte der Ko-Kreation (vgl. Hartkemeyer 2016, S. 160) in einer ganz konkreten **Verantwortungsvereinbarung,** die die praktischen Schritte mit klaren Zielsetzungen verbunden mit entsprechenden Unterstützungsimpulsen für jede Seite formuliert. Im Rahmen dieser Absprachen wird sogleich ein **Nachtermin** berücksichtigt, an dem die tatsächliche Entwicklung miteinander besprochen und ggf. korrigiert und angepasst wird. Auf dieser Basis gestaltet sich ein möglicherweise **längerer gemeinsamer Prozess,** der sowohl die fachliche Entwicklung als auch die Persönlichkeitsbildung des Kindes über gemeinsame Kompetenzen bestmöglich voranbringen kann.

Unterstützend für diesen Gestaltungsprozess ist dabei das mediative Prinzip, dass keinesfalls strikte Vorgaben oder Forderungen an das Gegenüber gestellt werden. Vielmehr werden **Ideen, Vorschläge und fundierte Empfehlungen für pädagogische Wege** (ggf. auch die Nutzung weiterer Fachkräfte) gegenseitig ausgetauscht, die eine Diskussionsgrundlage bieten und damit Offenheit für beide Seiten ermöglichen. Dahinter verbirgt sich die Erfahrung, dass oftmals **Empfehlungen,** bei denen individuelle Reaktions- bzw. Umgangsweisen offenbleiben, **viel eher und konsequenter umgesetzt werden** als einengende, einseitige Vorgaben, die u. U. Widerspruch herausfordern. Um einen möglichst konstruktiven Umgang miteinander in dieser Frage der Beratung zu finden, helfen Rückfragen, ob Anregungen eher offen gestaltet oder zukünftige Wege besser deutlicher und kleinschrittiger von Expert*innenseite beschrieben gewünscht werden (vgl. Hennig 2006, S. 24). Dieses Vorgehen ermöglicht, dass der **menschliche Bezug** zueinander trotz notwendiger gezielter pädagogischer Empfehlungen **weiterhin auf Augenhöhe** gewährleistet bleibt. Für Empfehlungen auf der Grundlage pädagogischer Expertise besitzt unser KOMMUNI den **Beratungsfinger,** der über den rein mediativen Prozess hinausgehende **fachlich und/oder pädagogisch orientierte Beratungen** im System an die Elternhinweist.

Zu diesem offenen und ehrlichen mediativen Prozess miteinander gehört es mitunter auch, **individuelle zeitliche und kräftemäßige Grenzen sowie mögliche Begrenzungen des Systems aufzuzeigen,** sollte die Entwicklung eines Kindes z. B. mit den vorhandenen Voraussetzungen nicht mehr ausreichend gefördert werden können. Für diesen wichtigen Schritt der Klarheit und damit Entlastung untereinander braucht es die mediative Basis der **unbedingten Vertraulichkeit**, eine menschliche Begegnung auf Augenhöhe, also eine **erarbeitete Vertrauensbasis,** um hier zu einer Ehrlichkeit miteinander zu finden, die unangemessene Erwartungshaltungen und damit Missverständnisse gar nicht erst aufkommen lässt. Auf dieser Basis kann nach unserer Erfahrung durchaus gegenseitiges Verständnis für die jeweiligen Begrenzungen entstehen und den Prozess entlasten wie auch befördern (entgegen der Einschätzung von Linde, vgl. 2015, S. 103). Sollte also **weiterer Förderbedarf** für das Kind über die Möglichkeiten beider Seiten hinaus bestehen und diesbezügliche Beratung gewünscht werden, gehört es zur Aufgabe der Pädagog*innen hier weitere professionelle Hilfen im Umfeld aufzuzeigen. Dieses **externe Unterstützungsangebot** ist insbesondere dann auf Wunsch zu erläutern, wenn unangenehme Mitteilungen wie z. B. das Nichtbestehen von Leistungen oder nicht erfolgenden Versetzungen notwendig werden (vgl. Kap. 9). Gerade in diesen oft beide Seiten enttäuschenden Zusammenhängen wird die Betroffenheit beider Seiten von der Mediation situationsgerecht **mit dem Angebot verbunden, miteinander nach geeigneten Alternativen bzw. Auffangmöglichkeiten zu suchen.** Gerade in diesem Spannungsfeld zwischen Beratung und unumgänglichen Entscheidungen im System ist die erarbeitete vertrauensvolle Basis auf beiden Seiten von entscheidender Bedeutung (vgl. Ahl 2019, S. 31).

Um diese so förderliche Vertrauensbasis aufzubauen und auch in diesen schwierigen Momenten zu erhalten, ist neben der Offenheit innerhalb der Erziehungspartnerschaft die für die Mediation so grundlegend praktizierte **Empathie** von großer Bedeutung. Die Notwendigkeit der Empathie im Dialog ergibt sich für die Mediation aus der Erkenntnis, dass **in einem Kommunikationsprozess immer der ganze Mensch mit seinen Gefühlen und Bedürfnissen beteiligt ist** und somit sachliche Argumente im Dialog nie isoliert zu betrachten sind. Sie vermischen sich immer mit den Gefühlen und Interessen der jeweils Beteiligten, die Aussagen immer pointiert werden lassen und auf der anderen Seite dementsprechend individuell gehört und interpretiert werden. So integrieren alle unsere mediativen Gesprächsstrukturen (auch die Gesprächstools für Tür-und-Angel-Situationen, s. Kap. 5) immer die Ebene der Gefühle und Bedürfnisse, weil ohne ihre Berücksichtigung keine wirklich ehrliche Klärung und vor allem in der Regel keine tragenden Lösungen gefunden werden können. So finden Sie auch in unserem KOMMUNI diese beiden Ebenen mit ihren wichtigen Schlüsseln als unverzichtbare Gesprächsebenen zentral dargestellt. Insofern sind aufkommende Emotionen für uns Mediator*innen wichtige, durchaus willkommene Hinweise für entscheidende Auslöser oder Zusammenhänge, die aufgenommen und gespiegelt werden, damit sie produktiv für den Prozess verarbeitet werden können (vgl. Mandac 2013, S. 18, vgl. Gabriel 2020, S. 16). Das scheint auf den ersten Blick erst einmal aufwendiger als der schnelle Austausch von rein sachlichen Argumenten. Unsere Erfahrungen gerade bei eskalierten Konflikten im Pädagog*innen-Eltern-Dialog bestätigen uns jedoch immer wieder, **dass unausgesprochene Gefühle und Bedürfnisse im Hintergrund, die u. U. lange zurückgehalten wurden und weiter schwelen, oft die entscheidende Rolle spielen** und verdeckt zu viel größeren Verwerfungen führen, als wenn sie gleich am Problembeginn aufgegriffen und bearbeitet worden wären. Gerade durch die hohen Identifikationen beider Seiten und die mögliche Beteiligung unbewusster Vorerfahrungen früherer Prozesse kann es im Pädagog*innen-Eltern-Dialog schnell zu heftigen emotionalen Reaktionen bzw. auch Überreaktionen kommen (das Treffen sogenannter wunder Punkte, vgl. Roggenkamp 2021, S. 41). Hier können die in diesem Buch noch ausführlich beschriebenen **mediativen Deeskalationtechniken** produktiv angewendet werden (vgl. Kap. 5.3 und 5.4 sowie Kap. 10.3), sind sie doch in besonderer Weise geeignet, die aufbrechenden Gefühle in annehmender Form aufzugreifen, sanft zu deeskalieren und somit als Chance in einen konstruktiven Prozess zu überführen.

Um einen produktiven Dialog abzusichern, unterstützt die Mediation nicht nur die Empathie für das Gegenüber, sondern betont ebenso **die Selbstempathie, d. h. die innere Achtsamkeit bzw. Selbstexploration eigener Gefühle im Prozess** (vgl. Jensen/Jensen 2016, S. 21, 107). Diese Fähigkeit ermöglicht erst die für einen gelingenden Pädagog*innen-Eltern-Dialog so hilfreiche, **entlastende professionelle Distanz über das Einnehmen einer Metaebene im Hinterkopf** (vgl. Kap. 10.2). Sie setzt eine wertvolle innere Grenze zu den eigenen aufkommenden, ganz persönlichen Gefühlen, Bewertungen und privaten Impulsen mit u. U. voreiligen Lösungsvorgaben. Dabei ist uns natürlich bewusst, dass diese innere Abgrenzung nicht unantastbar ist, sind wir doch als Personen im Ganzen und damit auch Teil des Problems in jedem dieser Gespräche anwesend, was letztlich aber eben auch menschlich und verständlich bleibt (vgl. Ahl 2019, S. 24, vgl. Jensen/Jensen 2016, S. 26).

Die für die mediative Haltung typische innere Achtsamkeit, unterstützt durch Selbstempathie, verleiht den Dialogpartner*innen trotz möglicher Einschränkungen zudem die Chance, **den Gesprächsprozess störende Einflüsse rechtzeitig wahrzunehmen und sie nicht verletzend zu thematisieren.** So kann manche Gesprächsklippe, können mögliche Missverständnisse oder auch Übergriffigkeiten über ihre sofortige Thematisierung besprochen und geklärt werden. Diese damit erreichte **innere Kongruenz** (vgl. Aich 2019, S. 87) stärkt die **ganz persönliche professionelle Distanz, die einhergeht mit entlastender Handlungsfreiheit über variable Optionen.** Diese innere Freiheit führt oftmals zu der angenehmen Erfahrung von innerer Übereinstimmung mit dem Gesagten und dem Prozess, die auch für das Gegenüber durchaus spürbar ist und wissenschaftlich inzwischen nachgewiesen werden konnte (kommunikative Kongruenz bei unterrichtenden Lehrkräften, vgl. Aich 2019, S. 88).

Dieser ehrliche Umgang mit den die Erziehungssituationen begleitenden Gefühlen und individuellen Einschätzungen ermöglicht es nicht nur der Elternseite, ihre persönlichen Vorstellungen und Empfindungen im Dialog entsprechend auszudrücken, sondern gibt den Pädagog*innen genauso die Möglichkeit**, sich ihrer Grenzen bewusst zu werden und diese in nichtverletzender, selektiver Form zu äußern.** Für gegenseitige Klarheit und die Fortführung eines konstruktiven Dialogs ist es deshalb durchaus sinnvoll und mediativ angemessen, **nicht erfüllbare Wünsche und Vorstellungen über ein einfühlsames Nein-Sagen zu begrenzen** (vgl. Kap. 5.5). Ebenso klärend kann es sein, wenn bei möglicherweise wiederholten Verletzungen gemeinsamer Absprachen (nicht eingehaltene Abholzeiten, Gesprächstermine) **eigenen Ärger nichtverletzend auszudrücken** (vgl. Kap. 5.6).

Nach unserer Erfahrung mit zahlreichen Pädagog*innen-Eltern-Konflikten wären gerade diese rechtzeitigen, wertschätzenden und klärenden Signale oftmals äußerst hilfreich gewesen, um anwachsende Eskalationen und damit verbundene Verletzungen von vornherein zu vermeiden. Dies hätte die Authentizität des Dialogs unbedingt unterstützt. Dabei gilt für Pädagog*innen sicher das professionell bewährte Prinzip, **nur angemessene und tatsächlich notwendige Begrenzungen selektiv auszusprechen,** aber dabei ehrlich und authentisch zu bleiben (vgl. Aich 2019, S. 88).

Diese mediative Haltung der inneren Abgrenzung mit gleichzeitiger aktiver Einfühlung für das Gegenüber ermöglicht **im Konfliktfall verbunden mit Kritik** gegenüber den Pädagog*innen die Möglichkeit einer **professionellen mediativen Selbstvertretung.** Diese bleibt keinesfalls bei der Auflistung der offenkundigen Verhaltens- oder Leistungseinschätzungen stehen, sondern betont vielmehr die professionellen Prioritäten, Identifikationen und Werte der Pädagog*innen im Hinblick auf die zukünftigen Entwicklungschancen des Kindes (vgl. Kap.10.5). Auf dieser mediativen Basis erfährt die Elternseite die **Eckpfeiler der pädagogischen Intentionen eng verbunden mit der professionellen Persönlichkeit der Pädagogin bzw. des Pädagogen**, sodass selbst bei größeren Meinungsverschiedenheiten eine menschliche Begegnung auf Augenhöhe möglich wird (vgl. fachpersönliche Integrität bei Jensen/Jensen 2016, S. 30). Denn die eigene professionelle mediative Selbstvertretung erfolgt erst nach einem wertschätzenden Hinterfragen der Problemsicht der Elternseite und ermöglicht damit viel eher ein **gegenseitiges Erkennen der ursächlichen Beweggründe bzw. Bedürfnisse für beide Seiten,** ggf. auch möglicher Fehleinschätzungen. Damit ist die Grundlage für gemeinsam entwickelte Lösungsmöglichkeiten im Sinne des Kindes bestens hergestellt. Denn im pädagogischen Miteinander beobachten wir selbst bei unterschiedlichen Ausgangsperspektiven immer wieder, dass die z. T. emotional geäußerte Elternkritik ja im Kern die große innere Sorge um die Entwicklung des eigenen Kindes beinhaltet, die ja auch das „Pädagog*innenherz" gleichermaßen innerlich bewegt. Gerade die Mediation, die diese Bedürfnisse im Hintergrund aufdeckt und respektvoll verbalisiert, kann im Dialog diese für das Kind so hilfreichen Verbindungslinien selbst im Konfliktfall ermöglichen und produktiv werden lassen.

Da die Grundpfeiler der Mediation für beide Seiten gleichermaßen gelten, ermöglicht der mediative Dialog und macht es sogar in entsprechenden Fällen notwendig, **aufkommende Respektlosigkeiten und Übergriffigkeiten jeder Art sofort direkt von sich aus anzusprechen und damit zu unterbinden.** Dieses Ansprechen von Übergriffigkeiten ist nicht nur für die Selbstachtung jeder Seite von großer Bedeutung, sondern ist eine **fundamentale Voraussetzung für die Fortsetzung einer langfristig produktiven, professionellen Erziehungspartnerschaft.** So sollte es in das Ermessen aller Gesprächsteilnehmenden gestellt sein und auch dann entsprechend von der sprechenden Person formuliert werden, wenn respektlose Äußerungen in einem direkten Gespräch verletzend wirken und damit als „unter der Gürtellinie" empfunden werden. Wird hier von vornherein in mediativer Weise ein angemessener Riegel vorgeschoben, kann u. U. ein Gespräch auf höflicher und wertschätzender Grundlage unter entsprechenden mediativen Vorzeichen produktiv fortgesetzt werden (vgl. Kap. 10.3). Es kann aber auch durchaus schwerwiegende respektlose Angriffe untereinander geben, die wegen der daraus entstehenden Emotionen und Verletzungen einen unmittelbaren Fortgang des Gesprächs nicht mehr als sinnvoll erscheinen lassen. Neben einer **Vertagung** könnte unter diesen Umständen ein neuer Gesprächstermin mit einer **Gesprächsunterstützung** ggf. durch eine Kollegin oder einen Kollegen, Schulleitung oder eine*n Mediator*in vereinbart werden. Zu möglichen Übergriffigkeiten zählen neben gezielte Unterstellungen (vgl. Kap. 10.4) auch unangemessene Beschwerden, die nicht direkt an die verantwortlichen Pädagog*innen zuerst gerichtet werden, sondern diese übergehend sofort an höhere Stellen weitergeleitet werden. Hier sollten in ebenso respektvoller Weise die angemessenen Abläufe eingefordert werden, um letztendlich eine Verständigung miteinander im Sinne des Kindes finden zu können.

Zusammenfassende Folgerungen für eine mediative Kommunikationsbasis für beide Seiten:

- **grundlegende Wertschätzung der Eltern** als Personen, ihrer häuslichen Erziehungsverantwortung bzw. -vorstellungen und -stile (Expert*innen für zu Hause), ihres Bemühens und ihrer Sorge für ihr Kind ohne Be- und Abwertung
- **grundlegende Wertschätzung der Pädagog*innen**, ihrer Erziehungs- und Bildungsverantwortung für das Kind im Rahmen der Schule, ihres pädagogischen Hintergrunds und ihrer Erfahrung sowie ihrer Berater*innenqualitäten (Expert*in für die Schule)
- **Begegnung auf Augenhöhe mit dem Ziel der kooperativen Förderung** der Kindesentwicklung auf der Grundlage eines offenen Austauschs in vertrauensvoller Atmosphäre
- keine Behandlung von Störungen, sondern **Gestalten und Vereinbaren von zukunftsgerichteten Lern- und Förderaufgaben** unter Einbeziehung und Beteiligung der Ressourcen aller Seiten
- **professionelle Beratungen und Empfehlungen bei weiterreichendem Förderbedarf** verbunden mit dem Verdeutlichen von Grenzen innerhalb der Systeme, aber auch eigener Grenzen, Aufzeigen zukünftiger Bildungsmöglichkeiten bei Nichterreichen von notwendigen Leistungen
- **empathische Akzeptanz und Aufnahmen von Emotionen im Dialog** als wichtige Hinweise auf Auslöser und Zusammenhänge, ggf. sanfte Deeskalation im Prozess zur produktiven Fortsetzung des Dialogs
- innere Aufmerksamkeit und Achtung für eigene aufkommende Emotionen im Gespräch **(Selbstempathie), professionell distanzierter Umgang und Abgrenzung** mit selektiver Ansprache, falls notwendig und produktiv
- **fairer, klarer und nicht verletzender sprachlicher Umgang mit überfordernden bzw. grenzverletzenden Äußerungen des Gegenübers** zur Erhaltung einer konstruktiven und realistischen Zusammenarbeit, Einfordern von Höflichkeit und Respekt bei Übergriffigkeiten auf die Person

- **bei Kritik nach Hinterfragen der Hintergründe des Gegenübers mediative Selbstvertretung mit eigenen Prioritäten** und Werten in professionell klarer und eindeutiger Weise, Suchen nach ähnlichen Interessen im Hintergrund für gemeinsame Lösungsorientierung in der Zukunft

4.2 Grundüberlegung zur praktischen Umsetzung

Während Pädagog*innen meist ein umfangreiches Wissen zur methodisch-didaktischen Aufbereitung von fachlichen und sozialen Inhalten über Ausbildungen mitbringen, fällt es Ihnen häufig deutlich schwerer, ihre leitenden pädagogischen Werte klar zu benennen und in Konfliktsituationen zu vertreten. Denn diese leitenden pädagogischen Grundüberlegungen werden vielfach still vorausgesetzt und im Ausbildungskontext nicht näher beleuchtet, obwohl sie doch **den inneren Kompass für die tägliche Arbeit und damit ein wesentlicher Faktor der langfristigen Berufszufriedenheit darstellen.** So zeigen sich die ganz individuellen leitenden Werte häufig erst dann, wenn sie in der Praxis nicht mehr ausreichend realisiert werden können oder gar von außen infrage gestellt werden. Die **grundsätzliche eigene innere Klarheit über diese grundlegenden Vorstellungen** hilft aber in entscheidender Weise, diese gegenüber den Erziehungspartner*innen als Basis vorzustellen und sie auch als Maßstab für nötige Regelungen im pädagogischen Tagesgeschäft zur Verfügung zu haben. **Das ist ein ausgesprochen stabilisierender, aber auch persönlich motivierender Faktor für die Persönlichkeit der Pädagogin bzw. des Pädagogen.**

Damit diese Grundwerte für Sie im Ganzen deutlich werden und Sie diese zum Beispiel vor Elternversammlungen (vgl. Kap. 6.3.1), oder auch in strittigen Situationen (vgl. Kap. 10.5) klar kommunizieren können, möchten wir Ihnen hier einige **Eckpunkte** für diese Grundüberlegungen vorstellendie sich in unseren Seminaren in diesem Zusammenhang als sehr hilfreich erwiesen haben.

Folgende Reflexionen können Sie darin unterstützen, **Ihre inneren Motivationen zu klären** (vgl. auch Hillert 2019, S. 159ff):

- **Welche leitenden Werte bestimmen Ihre persönliche pädagogische Arbeit ganz besonders?**
  Bestimmen Sie leitende Werte für Ihre pädagogische Arbeit aus den hier vorgestellten bzw. ergänzen Sie diese:
  Transparenz – Vertrauen – Kooperation – Respekt – Wertschätzung – Gerechtigkeit – Fairness – Unterstützung – Akzeptanz – Struktur – Verlässlichkeit – Ehrlichkeit – Offenheit – Toleranz – Verständnis – Humor/Spaß
- **Welche tieferen Motivationen verbinden Sie mit Ihrer pädagogischen Arbeit? Was löst besondere Begeisterung in Ihnen aus, wenn Sie mit den Kindern arbeiten? Warum sind Sie Pädagog*in geworden?**
  Bestimmen Sie Ihre besonderen Motivationen aus den vorgestellten bzw. ergänzen Sie diese:
  fachliches Interesse/Begeisterung auslösen – Kindern durch passende Strukturen und Angebote (Methodik, Didaktik) Lernchancen eröffnen – sozialen Zusammenhalt fördern – Persönlichkeiten mit ethischen Grundsätzen ausbilden – Kinder zu Nachhaltigkeit anhalten – resilienzstärkend wirken durch Unterstützung der Selbstwirksamkeit der Kinder
- **Welche grundlegenden mediativen Aspekte sind Ihnen persönlich im Rahmen der Erziehungspartnerschaft mit den Eltern besonders wichtig?**
  Bestimmen Sie die für Sie bedeutsamsten Faktoren bzw. ergänzen weitere:
  Respekt als Expert*innen für die verschiedenen Bereiche – Kontakt auf Augenhöhe – umfängliche, zukunftsgerichtete Begleitung und Förderung der Entwicklung des Kindes auf gemeinsamer Grundlage – Anerkennung und Kommunikation der Hintergrundebenen (Gefühle, Bedürfnisse) beider Seiten – klare, zielführende Gesprächsstrukturen – konkrete, praxisgerechte Lösungsorientierung – innere professionelle Distanz mit betonter Selbstempathie – Klarheit bezüglich pädagogischer und sozialer Zielsetzungen – Grenzsetzungen bei überzogenen oder übergriffigen Kommunikationsanteilen – mediative Selbstvertretung pädagogischer und fachlicher Grundlagen sowie wertebetonter Haltungen
- **Welches leitende Motto möchten Sie selbst für Ihre tägliche pädagogische Arbeit formulieren?**
  Beispiele: Ich möchte für alle Schüler*innen ein offenes Ohr haben und ein*e Unterstützer*in der Kinder bei Problemen sein (vgl. Hillert 2019, S. 161). – Ich möchte als authentische Pädagog*innenpersönlichkeit wirken und grundlegende Werte für die zukünftige Gesellschaft mitgeben. – Auf dem Fundament persönlicher Weiterentwicklung möchte ich soziale Kompetenz im Gruppenzusammenhang ausbilden und dabei Respekt und Wertschätzung untereinander betonen.

Nachdem Sie sich die **Eckpunkte Ihres pädagogischen Handelns** unter besonderer Berücksichtigung der Elternkooperation eingehend vor Augen geführt haben, empfehlen wir Ihnen, diese persönlichen Schwerpunkte nun in wenigen Sätzen als **individuelles Statement** Ihrer pädagogischen Leitlinien zu formulieren. Dieses könnte Ihnen als Grundlage für die Vorstellung in Elterngremien, aber auch generell als hilfreiches Instrument zur eigenen Klarstellung dienen. Denn im Rahmen dieser gewählten Formulierungen wird Ihnen recht präzise verdeutlicht, wofür Sie als Pädagog*in grundsätzlich stehen und eintreten. Das stärkt nach unseren Erfahrungen grundlegend Ihre Identität und damit Selbstsicherheit besonders im Rahmen von professionellen Kommunikationen, vor allem aber in Konfliktsituationen, in denen Ihre pädagogische Kompetenz teilweise infrage gestellt wird.

5 MEDIATIV-PÄDAGOGISCHE GESPRÄCHSTOOLS IM KURZKONTAKT

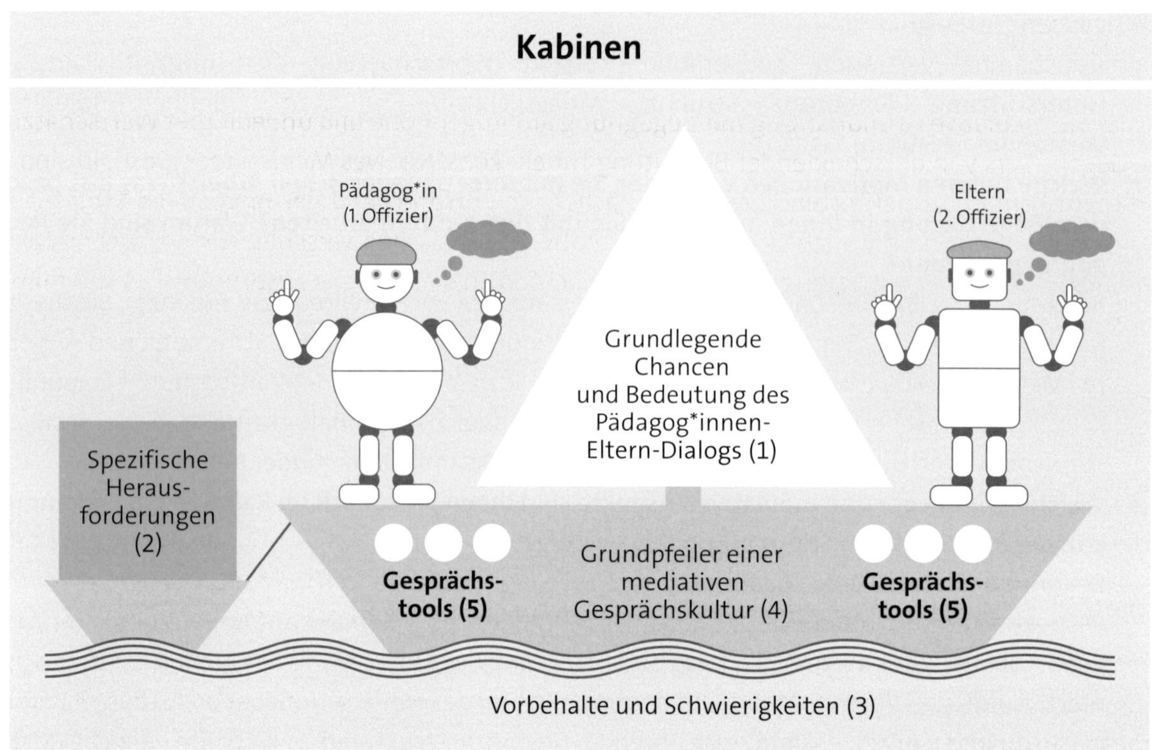

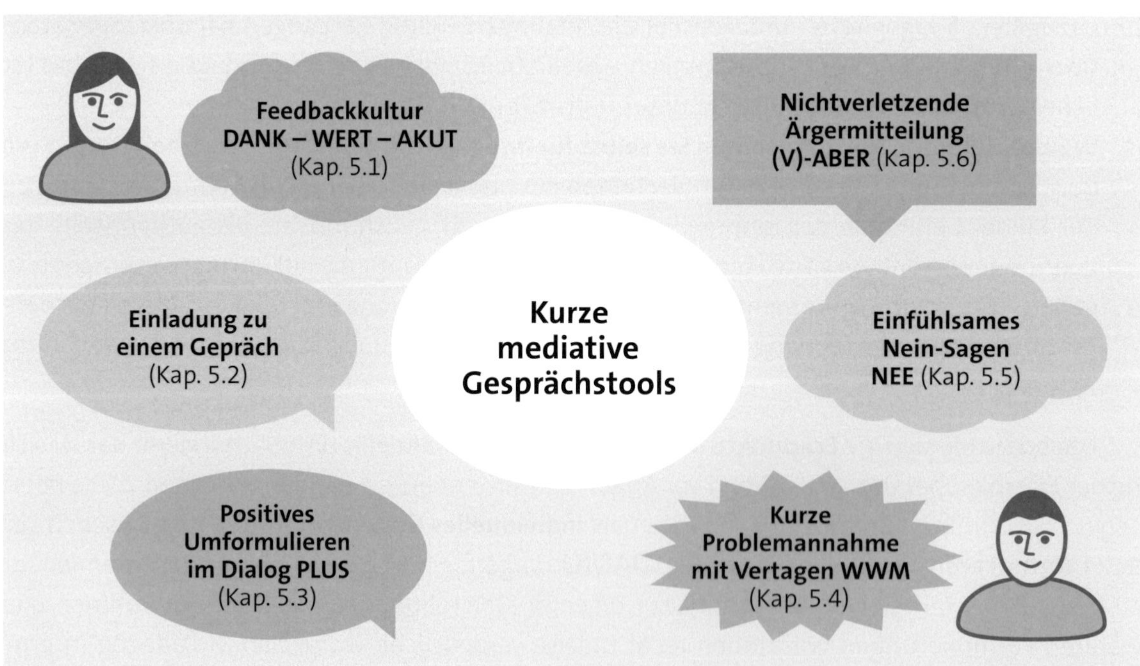

In Kap. 4 haben Sie die Grundpfeiler des mediativen Dialogs, verbunden mit den Eckpunkten Ihres pädagogischen Handelns kennenlernen können, die wir jetzt zunächst in **mediativ-pädagogischen Gesprächstools im Kurzkontakt in einprägsame, inzwischen vielfach bewährte Strukturen überführt haben,** damit Sie diese gleich in die Praxis umsetzen können.

Sicher sind die mediativen Prinzipien am ausgeprägtesten in den Jahres- und Halbjahresgesprächen, also in gründlichen Elternberatungen, zu finden, die wir Ihnen noch ausführlich in Kap. 8 beschreiben werden. Diese sind grundlegend leitend für das Vorankommen der Kinder insgesamt. Dennoch setzen die **viel häufigeren Kurzkontakte besonders Grundschulbereich mit die entscheidenden Schritte** hin zur Förderung der Gesamtentwicklung.

Da diese Kurzkontakte vielfach unter Zeitdruck stattfinden und **emotional gefärbt** sein können, ist hier die mediative Grundhaltung mit Begegnung auf Augenhöhe und unbedingter Wertschätzung des Gegenübers von entscheidender Bedeutung für ein konstruktives Miteinander. Deshalb sind die in diesem Kapitel ausgeführten kurzen Gesprächstools **entsprechend der mediativen Struktur mit Merkhilfen versehen,** um auch unter Druck situativ gezielt in den verschiedensten Kurzkontakten zwischen Tür und Angel agieren zu können. Wir möchten an dieser Stelle ausdrücklich darauf hinweisen, dass diese Kurzformen keine bloßen Techniken darstellen, die auswendig gelernt und aufgesagt werden sollen, **sondern diese Strukturen brauchen unbedingt eine entsprechende mediative Grundhaltung, die ganz praktisch entsprechend gelebt und ausgedrückt wird.** Denn ein nicht ehrliches bzw. gespieltes oder künstliches Gebaren wird in der Regel vom Gegenüber ziemlich schnell identifiziert und wirkt eher kontraproduktiv.

Auf dieser konstruktiv-mediativen Basis möchten wir Ihnen nun im Folgenden gleich **praxisgerechte Vorschläge** für die verschiedensten Kurzkontakte bzw. Kurzkooperationen im Alltag vorstellen, die wir **hier ganz bewusst für beide Erziehungspartner*innen entwickelt haben und entsprechend an jeweils typischen Beispielen ausführen.** Denn nicht selten sind gerade diese viel häufigeren Kurzkontakte dafür entscheidend, **welche Grundstimmung bzw. Haltung zwischen den Erziehungspartner*innen entsteht.** In diesem Zusammenhang halten wir es für besonders wichtig, dass beide Seiten sich in kleinen Alltagsbegegnungen bewusst **wertschätzen** (siehe Kap. 5.1), aber auch mit **Bitten und Wünschen** (Kap. 5.2) vorsichtig aufeinander zukommen sowie bei **Überforderungen** und **Ärger** unmittelbar und von sich sprechend antworten (Kap. 5.5 und 5.6). Hierdurch wird das Verhältnis der Erziehungspartner*innen entscheidend mitgeprägt. Das im Kap. 5.3 ausführlicher ausgeführte **positive Umformulieren,** gefolgt von der **kurzen Problemannahme** (Kap. 5.4) ist von grundlegender Bedeutung für beide Seiten, um Anfangsaufregungen zu Beginn des Gesprächs, u. U. verbunden mit möglichen Übertreibungen oder Vereinfachungen, zu dämpfen und in konstruktive Gesprächsbahnen überzuleiten. Diese Beispiele könnten thematisch für einen Eltern-Infoabend genutzt werden, um mögliche Kommunikationsmuster in praktischen Alltagssituationen miteinander umsetzen zu können.

5.1 Feedbackkultur: Dank (DANK), mediative Wertschätzung (WERT) und gezielte Kurznachfrage (AKUT)

5.1.1 Fundiertes mediatives Danken (DANK)

Eine wesentliche **Grundlage gelebter mediativer Kultur ist anerkennendes, ehrliches Feedback,** das nicht nur gedacht, sondern auch fundiert ausgedrückt wird. Denn Dank und damit gegenseitige Anerkennung tragen Beziehungen grundlegend und erzeugen darüber hinaus eine positive Resonanz, die möglicherweise zu einem späteren Zeitpunkt wohltuend an einen selbst zurückgegeben wird.

Dabei ist gerade eine sensible Form der Anerkennung durch einen pädagogischen Experten bzw. eine pädagogische Expertin für die Elternseite besonders motivierend, was sich vielfältig stabilisierend auf die Gesamtförderung des Kindes auswirken kann. Aber auch für die Pädagog*innen, die vielfach unter zu geringer Anerkennung von gesellschaftlicher Seite leiden, wird ehrliche Anerkennung von Eltern als sehr unterstützend und aufbauend empfunden, was ihnen insbesondere dabei hilft, ihr oft umfangreiches Engagement für die Kinder aufrechtzuerhalten.

Folgende **Gesprächsleitfäden des fundierten mediativen Dankens** stellen wir Ihnen sowohl für die Eltern- als auch Pädagog*innenseite vor:

Mediativer Dank (DANK) an die Eltern
Situation: Eltern unterstützen besonders engagiert heimbasiertes Arbeiten mit ihrem Kind.
(**nicht-mediativ**: Schön, dass Sie wenigstens die letzte Hausaufgabe kontrolliert haben. Ansonsten läuft es ja meistens schleppend von Ihrer Seite oder es passiert auch gar nichts.)
mediativ:
(D) Danke: Ein herzliches Dankeschön dafür, dass ...
(A) Auslöser: ... Sie immer wieder so zuverlässig und in so positiver Weise die häuslichen Aufgaben Ihres Kindes begleiten.
(N) Notwendig für: Ich beobachte, dass ihr Kind dadurch die Anforderungen in der Schule strukturierter meistert und somit auf vielen Ebenen leichter kooperieren kann.
(K) Kooperation: Ich wäre Ihnen dankbar, wenn Sie mir wichtige Beobachtungen in diesem Zusammenhang rückmelden, so wie ich das auch handhaben werde.

Mediativer Dank (DANK) an die Pädagog*innen
Situation: Eltern danken Pädagog*innen für das besondere Engagement bei der sozialen Einbindung Ihres Kindes.
(**nicht-mediativ**: Inzwischen hat sich ja manches für mein Kind verbessert, schönen Dank auch! Durch unsere Initiative von Elternseite ist ja zum Glück einiges bewegt worden, was sonst vielleicht nie in Gang gekommen wäre.)
mediativ:
(D) Danke: Ein herzliches Dankeschön dafür, dass Sie sich so für die soziale Einbindung meines Kindes in die Gemeinschaft eingesetzt haben.
(A) Auslöser: Insbesondere Ihre integrativen Gruppenaktivitäten sowie die klärenden Gespräche in Kleingruppen haben die Atmosphäre merklich verbessert.
(N) Notwendig für: Ich erlebe mein Kind dadurch aufgeschlossener und fröhlicher. Es erzählt mir sehr viele positive Erlebnisse im Umgang mit den anderen Kindern in der Schule.
(K) Kooperation: Sollte von uns oder von Ihnen in dieser Richtung etwas Auffälliges beobachtet werden, wäre ich Ihnen dankbar, wenn wir uns gegenseitig darüber informieren.

Beide Formen des Dankens verdeutlichen jeder Seite in dieser fundierten Form, **welche Impulse und Aktivitäten genau hilfreich waren** im Hinblick auf die Problematik und welche Effekte sie jeweils ausgelöst haben. Das liefert jeder Seite konkrete Hinweise für die weitere Förderung der ganz gezielten Entwicklung des jeweiligen Kindes und unterstützt die Kooperation in konstruktiver Weise. Gerade der **Kooperationshinweis** als Abschluss des Gesprächstools hält die Aufmerksamkeit für das Kind von beiden Seiten wach und betont die **gemeinsame Ebene der Erziehungspartnerschaft.** Durch diese bewusst gelebte positive Feedbackkultur wird das mitunter belastete Verhältnis untereinander entkrampft, deutlich gestärkt und hin zu einem vertrauensvollen Miteinander geführt.

5.1.2 Substanzielle mediative Wertschätzung (WERT)

Während es beim mediativen Danken um kleine aktuelle Anerkennungen im Alltag geht, möchten wir Ihnen nun eine substanzielle Wertschätzung des Gegenübers bei kontinuierlichen

Unterstützungen und grundlegend hilfreichen Haltungen beispielhaft für beide Erziehungspartner*innen vorstellen.

Substanzielle mediative Wertschätzung für Eltern (WERT)
Situation: Eltern unterstützen Pädagog*innen kontinuierlich bei Ausflügen und Festivitäten.
(**nicht-mediativ:** Gut, dass Sie gelegentlich Zeit haben und die Ausflüge und Festivitäten begleiten. Aber es ist ja selbstverständlich, dass man sich als Eltern einbringt und hier auch mal ein bisschen Zeit investiert!)
(W) Was: Was ich Ihnen unbedingt schon immer mal sagen wollte:
(E) Eigenschaft: Sie stellen sich stets in so unkomplizierter Weise zur Verfügung, wenn Hilfe gebraucht wird.
(R) Rückschluss: Bei unseren Unternehmungen und Projekten ist das so hilfreich und entlastend für mich.
(T) Teamwirkung: Das macht uns auf allen Ebenen zu einem guten Klassenteam.

Substanzielle mediative Wertschätzung für Pädagog*innen (WERT)
Situation: Eltern wertschätzen den regelmäßigen informativen Elternbrief für die Klasse.
(**nicht-mediativ:** Gut, dass ab und zu mal ein paar interessante Infos rüberkommen. Bedauerlicherweise kommen sie aber vielfach zu spät, wenn andere Klassen schon längst informiert sind.)
(W) Was: Was ich Ihnen unbedingt einmal sagen wollte:
(E) Eigenschaft: Ihre Informationen per Elternbrief sind immer so verlässlich und umfangreich, dass ...
(R) Rückschluss: ... wir stets den inhaltlichen Überblick haben und wir uns rechtzeitig auf anstehende Termine gut einrichten können.
(T) Teamwirkung: Das stärkt auf angenehme Weise unsere Erziehungspartnerschaft.

Diese Form der Wertschätzung unterstreicht in persönlicher Form die Bedeutung einer ausgewogenen Erziehungspartnerschaft und sollte deshalb zu einer dafür passenden, **ungestörten Situation mit entsprechenden Körpersignalen** geäußert werden. Sie kann eine wichtige Basis für eine dauerhaft sich ergänzende, befriedigende Kooperation beider Seiten bilden.

5.1.3 Gezielte Kurznachfrage (AKUT)

Auf der Grundlage ausführlicher regelmäßiger Entwicklungsgespräche (s. Kap. 8) ist es gelegentlich von beiderseitigem Interesse der Erziehungspartner*innen, in den Kontakten zwischen Tür und Angel eine **kurze Rückmeldung zur laufenden Entwicklung der abgestimmten Beobachtungskriterien** zu erhalten. Diese begleitenden Hinweise, die sich wirklich nur auf ein kurzes Update beschränken sollten, können die tagtägliche Arbeit am Kind auf beiden Seiten unterstützen. Sollten sich in diesem Zusammenhang Unklarheiten oder Differenzen ergeben, könnten diese wichtige Hinweise für ausführlichere korrigierende Abstimmungen sein, für die Gesprächstermine im ruhigeren Kontext mit entsprechenden Reflexionsmöglichkeiten empfehlenswert sind.

Gezielte Kurznachfrage an die Eltern (AKUT)
Situation: Förderung der Rechtschreibekompetenzen Ihres Kindes
(A) Ansprache: Könnte ich Sie bitte kurz im Hinblick auf die Rechtschreibübungen Ihres Kindes sprechen?
(K) Konkrete Nachfrage: Wie laufen unsere verabredeten Zusatzübungen? Sind sie so angemessen und gut umsetzbar für Ihr Kind?

(Antwort des Elternteils: ...)

(U) Umstände/Eindruck:

- Ich kann das so bestätigen.
- Es freut mich, dass es zu Hause auch so gut läuft.
- Als Fortsetzung unserer Zielsetzungen könnten Sie nun – wie besprochen – das Zusatzheft einsetzen.
- Das ist mir so noch nicht aufgefallen, lassen Sie uns darüber genauer – wie verabredet – sprechen

(T) Tut gut zum Abschluss: Gut, dass wir das kurz miteinander besprechen konnten! Vielen Dank!

Gezielte Kurznachfrage an die Pädagog*innen

Situation: Förderung der Rechtschreibekompetenzen eines Kindes innerhalb des Unterrichts

(A) Ansprache: Könnte ich Sie bitte kurz im Hinblick auf die Rechtschreibübungen meines Kindes sprechen?

(K) Konkrete Nachfrage: Ich beobachte zu Hause, dass die abgestimmten Übungen gut anlaufen. Welchen Eindruck haben Sie?

(Antwort der Pädagog*innenseite: ...)

(U) Umstände/Eindruck:

- Es freut mich, dass es in der Schule auch so gut läuft.
- Könnte ich nun schon das Zusatzheft entsprechend unserer Vorabsprachen einsetzen?
- Das ist mir so noch nicht aufgefallen, lassen Sie uns darüber genauer – wie verabredet – sprechen

(T) Tut gut zum Abschluss: Gut, dass wir das kurz miteinander besprechen konnten! Vielen Dank!

Den kurzen Austausch über die möglichen Fortschritte bzw. Eindrücke in den verabredeten Kriterien setzen wir ganz bewusst, **trotz der knappen Zeit, in einen mediativen Gesprächsrahmen.** So wird mit der beginnenden offenen Ansprache zunächst hinterfragt, ob der Zeitpunkt auch für das Gegenüber passt und damit die nötige Konzentration für beide möglich ist. Wichtig wie dieser öffnende, nachfragende Gesprächseinstieg ist natürlich neben der eigentlichen Aussprache eine kurze, abschließende Rückmeldung, um den Dialog innerlich entsprechend beenden zu können.

5.2 Einladung zu einem pädagogischen Gespräch

Von beiden Seiten ist die Bitte um ein pädagogisches Gespräch bei augenfälligen Auffälligkeiten eines Kindes häufig eine heikle Angelegenheit, was unter Umständen zu größerer Beunruhigung und damit zu möglichen Spannungen im Hinblick auf das Gespräch führen, was den Dialog von vornherein unnötig belasten könnte. Deshalb gilt es, **möglichst öffnende und wertschätzende Formulierungen zu wählen, die Ängste oder Belastungen schon im Vorfeld geringhalten oder vermeiden.** Dafür ist es von entscheidender Bedeutung, dass das Interesse an der Perspektive der anderen Person deutlich wird. Wie bei all unseren Gesprächstools halten wir einen positiven Akzent am Ende für eine sinnvolle Vorbereitung auf den anstehenden Dialog.

Aus unserer Erfahrung heraus möchten wir Ihnen empfehlen, **eine schriftliche Form der Einladung zu wählen** (Mail oder Mitteilungsheft), da bei einer kurzen mündlichen Ansprache der Problematik die große Gefahr besteht, dass durch die hohe Betroffenheit bereits ein unbewusster, fragmentarischer Austausch stattfindet, der möglicherweise beide Seiten unbefriedigt zurücklässt (vgl. Beier 2011, S. 64).

Einladung der Eltern zu einem pädagogischen Gespräch
Situation: Schüler*in reagiert seit einiger Zeit auffällig entgegen seinen/ihren früheren Verhaltensmustern (unkonzentriert, leicht ablenkbar, aggressiv)

Liebe Eltern!
Wunsch: Gerne möchte ich mit Ihnen über die Entwicklung Ihres Kindes sprechen und dafür einen persönlichen Termin mit Ihnen vereinbaren.
Wertschätzung: Die Leistungen im Fach Mathematik haben sich erfreulicherweise in letzter Zeit deutlich verbessert, da sind wir zusammen auf einem guten Weg.
Grund: Bezüglich des Sozialverhaltens möchte ich gerne mit Ihnen ins Gespräch kommen, da ich hier einige Beobachtungen gemacht habe, über die wir uns austauschen sollten.
Ihre Perspektive: Zu diesem Aspekt sind mir Ihre Beobachtungen zu Hause wichtig.
Terminvorschlag: Dazu schlage ich Ihnen folgenden Termin im zeitlichen Rahmen von ca. X Minuten vor und hoffe, dass Sie diesen wahrnehmen können: ____________ (ggf. Rücksprache für weitere Terminvorschläge)
(**Positiver Abschluss:** Ich freue mich auf das persönliche Gespräch mit Ihnen.)
Mit freundlichen Grüßen

Bitte der Eltern um einen Gesprächstermin mit der Pädagogin/dem Pädaogen
Situation: Schüler*in zeigt Leistungsrückstände beim sinnerfassenden Lesen
Liebe Lehrkraft!
Bitte: Gerne möchten wir uns mit Ihnen über die Leseverständniskompetenzen unseres Kindes austauschen.
Grund: Wir beobachten zu Hause, dass Lesehausaufgaben eine größere Abwehr auslösen und deutliche Schwierigkeiten beim Verständnis der Texte vorhanden sind.
Ihre Perspektive: In dieser Angelegenheit möchten wir gerne Ihre Einschätzung hören.
Folge: Wir bitten um einen persönlichen Gesprächstermin mit Ihnen.
Positiver Abschluss: Wir freuen uns auf Ihre Terminvorschläge und den Austausch mit Ihnen.
Mit freundlichen Grüßen

Wenn Sie über den vorgeschlagenen Einladungsweg bzw. Ihre Bitte um einen Austausch schließlich einen gemeinsamen Gesprächstermin vereinbaren konnten, finden Sie in Kapitel 8 ausführliche Leitfäden mit den entsprechenden atmosphärischen Vorbereitungen für klärende und konsensorientierte mediative Elternberatungen auf Augenhöhe.

5.3 Positives Umformulieren im Dialog (PLUS)

Um Kurzabsprachen in Tür-und-Angel-Situationen konstruktiv und kontrolliert zu gestalten, ist die **mediative Technik des positiven Umformulierens von grundlegender Bedeutung.**

Das große innere Engagement bewirkt häufig eine hohe emotionale Beteiligung, die manchmal **sprachliche Übertreibungen** hervorruft, die unter Umständen auch zu ungerechtfertigten Vorhaltungen führen. Um hier eine Abmilderung bzw. Klarstellung zu erreichen, ist das positive Umformulieren oft sehr hilfreich und auch notwendig für einen unbelasteten Dialog, denn es nimmt das Gegenüber mit seinem Anliegen ernst. **Durch das Aufnehmen und Verbalisieren von Gefühlen und**

Bedürfnissen wird ein sachgerechtes Gespräch eingeleitet, das Anliegen konkretisiert und somit mögliche gemeinsam tragende Lösungen vorbereitet.

Die sprachlichen Übertreibungen in diesem Kontext zeigen sich oftmals in typischen Reizworten, aber auch Phrasen (Allgemeinplätzen), die das Gegenüber möglicherweise blockieren („Totschlagargumente"). Hierzu führen wir nachfolgend einige Beispiele mit möglichen Umformulierungen auf:

Umformulierungen von typischen Reizworten

- **immer:** oft, häufig, ab und zu, manchmal, gelegentlich, auf diese Situation bezogen, gerade, hin und wieder, regelmäßig, in den meisten Fällen, vermehrt, verstärkt
- **gar nicht:** kaum, selten, jetzt nicht, da scheint Sand im Getriebe zu sein, es stockt gerade etwas, gelegentlich, manchmal, wenig, unzureichend, wenig, nur, oft
- **nur:** hauptsächlich, oft, in diesem Falle, auf diesem Gebiet, lediglich
- **alles:** vieles, einiges, einen Teil, manches, dieses Mal, die meisten, in diesem Fall

Umformulierungen von typischen Phrasen

- **So funktioniert das niemals!** Sie zweifeln daran? Sie haben Bedenken, weil ... Sie finden, dass ...? Sie meinen, das ist kein optimaler Lösungsweg. Sie halten ein anderes Vorgehen für sinnvoller?
- **(Name) drückt sich immer!** Sie haben den Eindruck, dass sich *(Name)* manchmal der Verantwortung entzieht? Für Ihr Empfinden bringt sich *(Name)* zu wenig ein.
- **Sie sind viel zu streng!** Sie haben den Eindruck, dass ich teilweise zu konsequent vorgehe? Sie wünschen sich mehr Verständnis von mir?
- **(Name) hat nie was dabei!** Sie beobachten, dass *(Name)* teilweise Notwendiges nicht mitbringt!
- **Nie erfährt man was!** Sie wünschen sich rechtzeitige und regelmäßige Informationen?
- **Das haben wir schon immer so gemacht!** Für Sie hat sich diese Vorgehensweise bewährt. Sie wünschen sich, dass alles so bleibt, wie es ist!
- **(Name) ist einfach zu faul!** Sie haben den Eindruck, dass *(Name)* bei mehr Engagement deutlich mehr leisten könnte.

Positives Umformulieren einer übertriebenen oder aufgeregten Elternäußerung

Elternäußerung: Sie geben immer viel zu viele Hausaufgaben auf!
Pädagog*in – nicht-mediativ: Ach wirklich? Ihr Kind hat doch sowieso nie Hausaufgaben dabei!
Pädagog*in – mediativ:
(P) Problem entschärft spiegeln: Ich höre, Sie empfinden die Hausaufgaben als zu umfangreich!
(L) Laune, Gefühl, Emotion: Sie sind besorgt, dass Ihr Kind die Hausaufgaben nicht vollständig bewältigen kann.
(U) unterschwelliger Wunsch/unterschwelliges Bedürfnis: Sie wünschen sich, dass ich den Umfang entsprechend anpasse.
(S) Stützungsangebot: Möchten Sie, dass ich nochmal bei Ihrem Kind nachfrage, was genau problematisch ist?

Positives Umformulieren einer übertriebenen Pädagog*innenäußerung

Pädagog*innenäußerung: Dauernd kommt ihr Kind zu spät zum Unterrichtsbeginn und das stört gewaltig!
Eltern – nicht-mediativ: Nun seien Sie doch nicht so pingelig! Ihr Unterricht beginnt ja nun auch nicht gerade immer pünktlich!
Eltern – mediativ:
(P) Problem entschärft spiegeln: Ich höre, es beeinträchtigt Sie, wenn unser Kind nicht ganz pünktlich sind.

(L) Laune, Gefühl, Emotion: Das ärgert Sie ...
(U) unterschwelliger Wunsch/Bedürfnis: ... weil Sie sich einen ruhigen Beginn des Tages für Ihre Gruppe wünschen.
(S) Stützungsangebot: Wir werden versuchen, in Zukunft rechtzeitig da zu sein.

Alternative:
Positives Umformulieren einer übertriebenen Pädagog*innenäußerung
Pädagog*innenäußerung: Dauernd vergisst Ihr Kind den Turnbeutel! Da müssen sie doch zu Hause mal drauf achten!
Eltern – nicht-mediativ:
Nun machen Sie mal halblang! Haben Sie den früher nie vergessen?
Eltern mediativ:
(P) Problem entschärft spiegeln: Ich höre, dass es häufiger vorkommt, dass mein Sohn seine Turnsachen nicht dabeihat.
(L) Laune, Gefühl, Emotion: Das ärgert Sie.
(U) Unterschwelliger Wunsch/Bedürfnis: ..., weil Sie ihn schon häufiger darauf hingewiesen haben und sich mehr Verlässlichkeit wünschen.
(S) Stützungsangebot: Wir werden zu Hause nochmal gemeinsam darauf achten.

Unsere Erfahrungen in zahlreichen Seminaren und Gesprächsbegleitungen verdeutlichen uns immer wieder, dass oberflächliche Wertschätzungen keinesfalls ausreichen, den Gesprächspartner bzw. die Gesprächspartnerin mit seinen/ihren Hintergründen zu verstehen und zu öffnen, was letztlich für einen klärenden oder zielführenden Dialog notwendig ist. Hierzu braucht es **ein Einlassen auf die momentane Gefühlslage des Gegenübers,** die sich in unserer hier dargestellten Technik des positiven Umformulierens (PLUS) widerspiegelt. Dabei geht es uns nicht um ein pseudomäßiges Abmildern von Gefühlen, sondern um das ernsthafte Interesse an der emotionalen Situation des Gesprächspartners bzw. der Gesprächspartnerin. Dies ist umso notwendiger, je stressreicher die Dialogsituation des pädagogischen Alltags ist, wie wir es nachfolgend in der kurzen Problemannahme (WWM) beschreiben werden.

5.4 Kurze Problemannahme mit Vertagen (WWM)

Insbesondere in emotional höher belastenden Problemstellungen im Rahmen von Tür-und-Angel-Situationen **wären vorschnelle, genervte und abwiegelnde Gegenreaktionen kontraproduktiv.** Deshalb bieten wir Ihnen hier mit der Technik WWM – kurze Problemannahme mit Vertagen – eine klare Gesprächsstruktur an, die Ihnen Zeit, Sicherheit und **eine ausreichende innere Distanz zu der jeweiligen Problematik ermöglicht** und zugleich das Gegenüber mit seinen aktuellen Gefühlen empathisch annimmt. Wir empfehlen, diese Gesprächsstruktur in Rollenspielen zu trainieren, um die möglicherweise intuitive Stressreaktion des Gegenangriffs zu überschreiben. Besonders wertvoll ist beim Üben dieser Struktur, die eigenen Prinzipien zu überdenken und klar auszudrücken, sowie günstigere Gesprächsangebote vorzuschlagen. Gleichzeitig **schützt das Vertagen davor, unüberlegte Äußerungen, Versprechungen oder Angebote zu machen,** die man unter Umständen im Nachhinein nicht mehr in gleicher Weise so tätigen würde.

Wertschätzende kurze Problemannahme von Elternbeschwerden mit Vertagen (WWM)
Elternproblem: Diese Testbewertung von Ihnen akzeptiere ich nicht. Ich habe genau ausgerechnet, dass das nie eine 5 ist, sondern mindestens eine 3!

Pädagog*in – nicht-mediativ: Nun machen Sie aber mal halblang, sie haben doch gar keine Ahnung davon.
Pädagog*in – mediativ:
(W) Weiches Spiegeln von Betroffenheit und Wunsch: Gut, dass Sie damit zu mir kommen. Sie sind verärgert über die Testbewertung und wünschen sich Klarstellung.
(W) Werte benennen: Mir ist wichtig, dass Sie die Bewertung nachvollziehen können auf der Grundlage der geltenden Kriterien.
(M) Möglichkeit anbieten: Da ich jetzt Unterricht habe, kann ich das nun leider nicht in Ruhe mit Ihnen klären. Könnten Sie heute in meine Sprechstunde um X Uhr kommen? Ist das Ihnen möglich? – Danke für Ihr Verständnis.

Wertschätzende kurze Problemannahme von Pädagog*innenbeschwerden mit Vertagen (WWM)
Pädagog*innenproblem: Schon wieder war der Hefter Ihres Kindes heute nicht da! Das passiert in letzter Zeit ständig!
Eltern– nicht-mediativ: Das ist doch nun wirklich kein Drama!
Eltern – mediativ:
(W) Weiches Spiegeln von Betroffenheit und Wunsch: Gut, dass Sie mir das sagen. Sie wünschen sich da mehr Verlässlichkeit.
(W) Werte benennen: Uns ist auch wichtig, dass unser Kind selbstständig an seine Sachen denkt. Wir beobachten, dass das im Moment leider an vielen Stellen nicht so gut läuft.
(M) Möglichkeit anbieten: Vielleicht sollten wir uns in einem ruhigen Gespräch darüber austauschen, was wir da tun können. Ist das möglich für Sie?

Mit dieser mediativen Annahme der Problematik mit Vertagen bietet sich eine gute Chance, die Schwierigkeit zu einem passenderen Zeitpunkt konstruktiv miteinander anzugehen, statt eines kurzen, möglicherweise unbefriedigenden emotionalen Disputs. Zudem ergibt sich in der Zwischenzeit für beide Seiten die wertvolle Möglichkeit, das Problem differenzierter zu durchdenken und ggf. schon Lösungen ins Auge zu fassen.

5.5 Einfühlsames Nein-Sagen (NEE)

Unserer Erfahrung nach ist gerade ein Nein-Sagen in pädagogischen Zusammenhängen von besonderer Bedeutung, die Wünsche und Vorschläge des Erziehungspartners bzw. der Erziehungspartnerin zunächst als **wertvolle Initiative aufzunehmen und nicht spontan zurückzuweisen,** was der Pädagoge bzw. die Pädagogin ggf. spontan gern tun würde. Gerade die Aufdeckung der Hintergründe, die zur Ablehnung führen, ist für das gegenseitige Verständnis sehr wichtig. Das hier aufgezeigte mediative Gesprächstool veranschaulicht die begrenzten Möglichkeiten oder Voraussetzungen beider Seiten (Zeitmangel, fehlende Kompetenz, Kostenfaktor, Personalmangel, Raumprobleme usw.), die eine Umsetzung der Idee verhindern und für die andere Seite somit transparent machen. Dies führt dazu, dass man sich als angesprochene Person mit dem Vorschlag auseinandersetzt und die Möglichkeiten vor Ort abwägt und eigene Klarheit darüber gewinnt. **Dies schützt davor, dem Wunsch halbherzig zuzustimmen oder sich Aktionen zuzumuten, die letztlich persönlich überlasten,** im Nachhinein u. U. ärgern und dann zu einer möglichen Belastung der Beziehung werden. Das Gesprächstool enthält am Ende die Möglichkeit, unter veränderten Bedingungen gegebenenfalls auf den Vorschlag zurückzukommen und ihn somit nicht gänzlich abzuweisen.

Einfühlsames Nein-Sagen (NEE) auf eine Anfrage bzw. Anregung von Elternseite
Anlass: Ein Vater wünscht sich mehr Unternehmungen für die erste Klasse.
(*nicht-mediativ:* Was haben Sie denn für Vorstellungen! Wir machen hier doch schon so viele Ausflüge, mehr geht nun wirklich nicht! Ihr Sohn wird dadurch auch nicht viel klüger, glauben Sie mir das!)
Mediativ:
(N) Notwendigkeit, den anderen zu hören und zu spiegeln: Ich höre, Sie fänden gerade für diese Altersgruppe gezielte Unternehmungen besonders anregend und wünschen sich davon mehr im Programm.
(E) eigenes Bedürfnis und eigenen Hintergrund ausdrücken: Auch wir fänden einige Angebote mehr, wie z. B. einen Besuch des Technikmuseums, den wir im vorigen Jahr noch fest im Programm hatten, für sinnvoll. Leider lässt sich das bei dem hohen Krankenstand momentan nicht realisieren, ohne die verlässliche Betreuung zu gefährden.
(E) Einräumen einer Alternative: Wenn sich die gesundheitliche Situation entspannt, dann planen wir wieder entsprechende Ausflüge. Gern nehmen wir dann Anregungen von Ihrer Seite entgegen und besprechen sie im Kollegium. Ich bitte Sie vorerst jedoch um Geduld und Verständnis.

Mögliches Beispiel: Pädagog*in erhofft sich durch nochmaliges Abfragen von Französischvokabeln zu Hause Unterstützung für eine schwache Schülerin in der 7. Klasse. Die Mutter erläutert bisher unbekannte Trennungssituation und dass sie selbst nie Fremdsprachenunterricht hatte, also die Aussprache dadurch gar nicht beherrscht. Sie bittet um weitere Vokabelübung in der Schule ggf. durch eine Mitschülerin

Einfühlsames Nein-Sagen (NEE) auf eine Anfrage bzw. Anregung von Pädagog*innenseite
Anlass: Pädagog*in bittet um regelmäßiges Abfragen von Französischvokabeln zu Hause als Unterstützung der Tochter in der 7. Klasse
(**nicht mediativ:** Was Sie von uns Eltern immer alles verlangen! Sie sollten doch meiner Tochter Französisch beibringen und nicht ich!)
Mediativ:
(N) Notwendigkeit, die andere Person zu hören und zu spiegeln: Ich höre, Sie möchten, dass ich meine Tochter bei der Abfrage der Französischvokabeln zu Hause unterstütze.
(E) eigenes Bedürfnis und eigenen Hintergrund ausdrücken: Grundsätzlich würde ich dem natürlich gerne nachkommen, allerdings lässt mir meine private Situation dazu momentan kaum zeitliche Möglichkeiten. Leider hatte ich selbst wenig Gelegenheit, Französisch zu lernen.
(E) Einräumen einer Alternative: Damit meine Tochter unterstützt wird, werde ich ihre große Schwester bitten, diesen Part nach ihren Möglichkeiten zu übernehmen. Ist das so in Ordnung?

Mit dieser Möglichkeit des Neinsagens **übernimmt die sprechende Person Verantwortung für ihre Bedürfnisse und Möglichkeiten** im mediativen Sinne und schafft damit Klarheit für sich selbst, aber auch für die Erziehungspartnerschaft. So werden widerwillige oder halbherzige Zugeständnisse und Aktionen zum Wohle aller verhindert.

5.6 Nichtverletzende Ärgermitteilung (V-ABER)

Neben Erwartungen, bei denen sich ein klares, einfühlsames Nein empfiehlt, können Sie sich als Pädagog*in mit weiteren Bedürfnissen der Elternseite konfrontiert sehen, **die Sie überfordern und**

deshalb möglicherweise wiederkehrenden Ärger im Kontakt auslösen. Im oft hektischen Tagesgeschäft gibt es manchmal kaum eine ruhige Gelegenheit, um diesen Ärger adäquat auszudrücken und Ursachen klarzustellen. Wiederholen sich solche Ärgeranlässe zwischen zwei Personen, kommt es durch **Gefühlsstau** möglicherweise zu einer Beeinträchtigung der Beziehung, die erst dann realisiert wird, wenn sich der Ärger in vielleicht nicht mehr ganz angemessener Weise Luft macht. Um diese nicht seltene Beziehungsbelastung durch Verärgerung übereinander zu vermeiden, die dann auch gern Dritten gegenüber berichtet wird und die Situation weiter verschärft, empfehlen wir **eine frühzeitige mediative Ärgermitteilung** zu wählen, die in der Regel zu einer schnellen Klärung führt (vgl. Rohnstock/Siebers-Koch 2021, S. 71) .

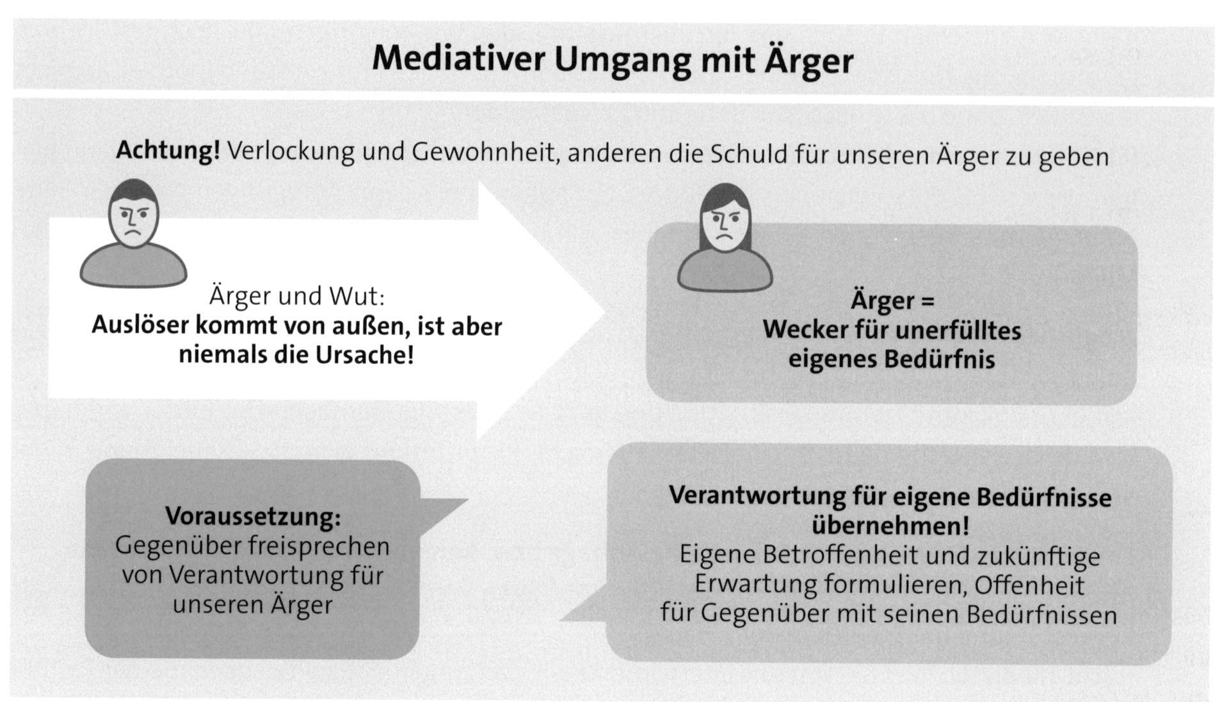

Das Gesprächstool der mediativen Ärgermitteilung, welches wir Ihnen gleich vorstellen, basiert auf der wichtigen Grundüberlegung, dass der Ärger bei mir nicht ursächlich vom Gegenüber zustande kommt. Das scheint zwar vordergründig so und impliziert den Wunsch, das Gegenüber im Gegenzug dafür verantwortlich zu machen und emotional zu reagieren. Aber die **wirkliche Ursache meines Ärgers liegt in meinen verletzten Bedürfnissen,** z. B. nicht ausreichend respektiert zu werden. Wenn mir Eltern z. B. zum Wochenende Mailanfragen mit der Erwartung zusenden, dass ich diese sofort beantworte, dann fühle ich mich u. U. in meiner Erholungsbedürftigkeit, die ich am Wochenende für durchaus notwendig und berechtigt halte, beeinträchtigt. Möglicherweise stört eine andere Kollegin bzw. einen anderen Kollegen diese Anfrage überhaupt nicht und beantwortet sie sogar gern in Ruhe, was keinerlei Ärgerempfinden hervorruft. Legen Sie jedoch Wert auf Ungestört-Sein am Wochenende, dann ist Ihr Bedürfnis nach Erholung sehr wohl beeinträchtigt und Sie werden sich entsprechend ärgern. **So ist Ihr Bedürfnis nach Erholung also ein Wecker des Ärgers und nicht mein Gegenüber primär.** Das bedeutet, dass Sie das Gegenüber von der Verantwortung für Ihre Bedürfnisse zunächst freisprechen sollten. **Gleichzeitig übernehmen Sie aber Verantwortung für Ihre Bedürfnisse, indem Sie dem auslösenden Partner bzw. der auslösenden Partnerin das sprachlich in nicht verletzender mediativer Weise klar mitteile.** Das klärt sehr wahrscheinlich die entstandene Spannung zwischen den Erziehungspartner*innen und kann zu einer offenen Absprache über alternative, einvernehmliche

Kontaktlösungen führen. Wie sich das sprachlich genauer darstellt, möchten wir Ihnen anhand folgenden Beispiels ausführen:

Beispiel: Ein Elternteil erwartet immer wieder schnelle Antworten auf Mailanfragen am Wochenende.
Sie möchten ihn bzw. sie wertschätzend darauf aufmerksam machen, dass Sie das in Ihrer Entspannung beeinträchtigt und auf eine Veränderung hinwirken.
(V) Verständnis signalisieren: Ich verstehe, dass es Ihnen manchmal schwerfällt auf eine Antwort zu warten.)
(A) Auslöser beschreiben: Wenn Sie mir am Wochenende E-Mails schicken und unmittelbare Antworten erwarten, ...
(B) Betroffenheit (Gefühl/Bedürfnis) ausdrücken: ... fühle ich mich in meiner Freizeit beeinträchtigt, weil ich da Erholung von der Schulwoche brauche.
(E) Erwartung für die Zukunft ausdrücken: Ich bitte Sie, dies zu respektieren und die Kontaktmöglichkeiten unter der Woche zu nutzen.
(R) Rückmeldung erbitten: Ist das so in Ordnung für Sie?

Mit dieser mediativen Form der Ärgermitteilung **haben Sie deutlich Ihre Bedürfnisse mit nachvollziehbarer Begründung zum Ausdruck gebracht,** also eine Klarheit in die Beziehung miteinander gebracht. Zudem formulieren Sie gleich im Anschluss eine konkrete, in die Zukunft gerichtete Bitte, also einen Vorschlag des möglichen unbeeinträchtigten Umgangs miteinander. Durch **die Rückfrage zum Abschluss zeigen Sie zudem Ihre Offenheit, nun in eine Diskussion über die Bedürfnisse und Möglichkeiten Ihres Gegenübers einzusteigen,** um einvernehmliche Regelungen für die Zukunft zu finden.

Der erste Impuls, (**V) Verständnis signalisieren,** ist bewusst in Klammern gesetzt, weil es bei bestimmten Ärgeranlässen, z. B. aufgrund Ihrer emotionalen Beteiligung, **einfach nicht stimmig ist, diesen positiven Anfang zu formulieren.** In diesem Fall ist es ehrlicher, ihn wegzulassen und gleich mit der Beschreibung des Auslösers zu beginnen.

Sie vermeiden mit diesem mediativen sprachlichen Ansatz der Bitte- bzw. Erwartungsmitteilung, einengende Forderungen an das Gegenüber zu stellen und es ggf. zu Gegenreaktionen anzuregen. Über den mediativen Weg öffnen Sie stattdessen Ihr Gegenüber, unterstützt durch die klare Benennung Ihrer nachvollziehbaren Bedürfnisse, sodass **eine verständnisvolle Grundlage für eine langfristig tragende Regelung von Ihrer Seite** geschaffen wird.

6 BAUSTEINE FÜR KOOPERATIVE DIALOGE UND KONSTRUKTIVE ELTERNVERSAMMLUNGEN

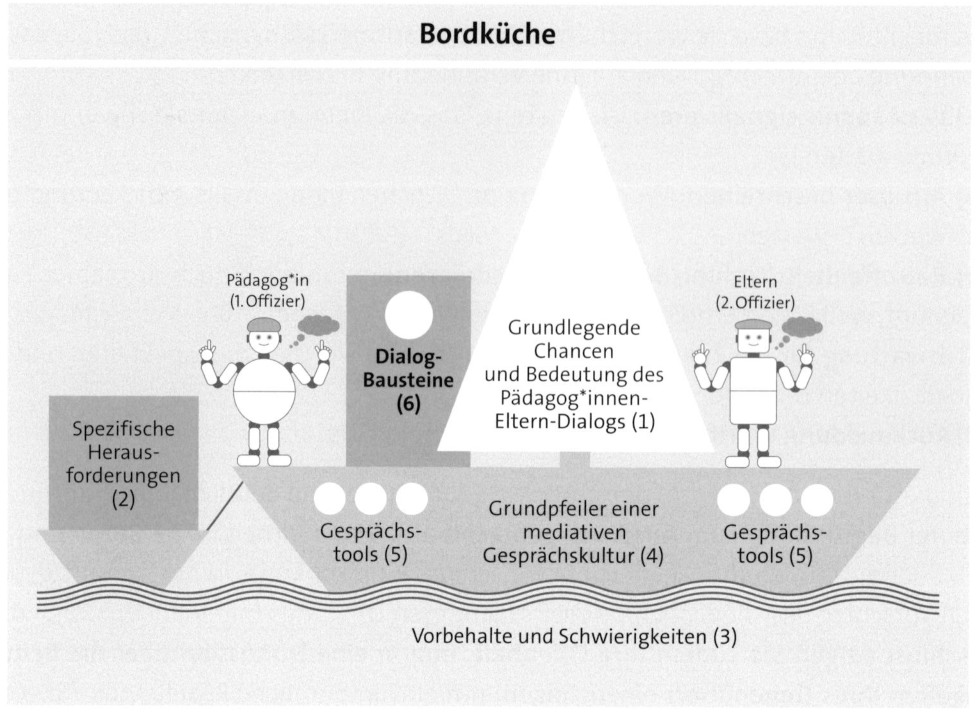

Nachdem Sie in Kap. 5 verschiedene mediative Gesprächstools für Kurzkontakte in der Alltagsbegegnung zwischen Eltern und Pädagog*innen kennenlernen konnten, geht es im folgenden Kapitel um die miteinander verabredeten Gesprächs- und Kooperationsmöglichkeiten, insbesondere in regelmäßigen Versammlungen und Gremien.

6.1 Überblick über vertrauensbildende Dialogmöglichkeiten

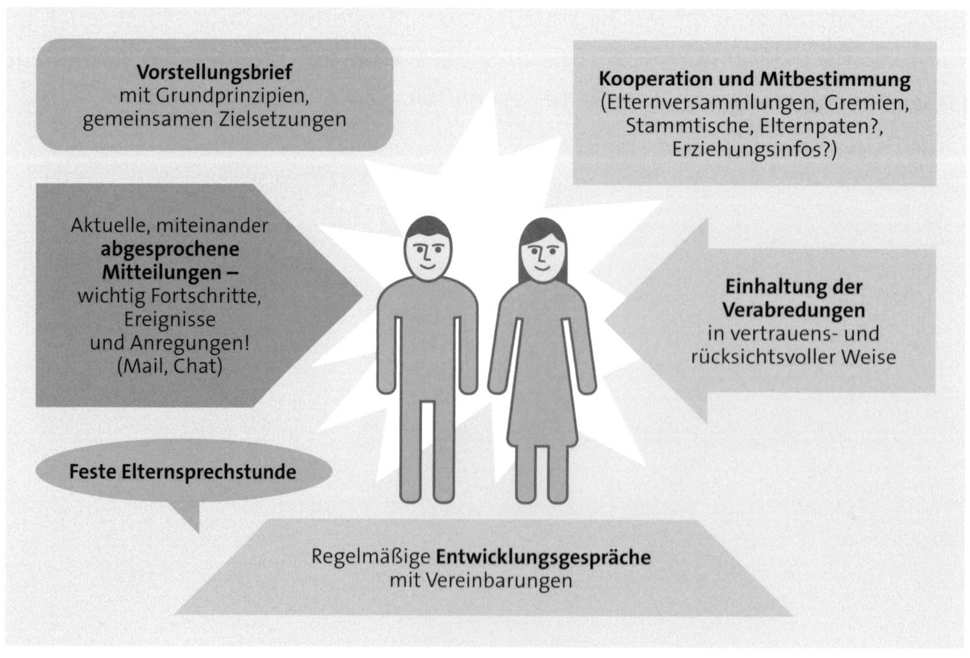

Zu einer mediativen Gesprächskultur gehört es, dass die Pädagog*innen bzw. die Einrichtung von vornherein die Kontakt- und Mitwirkungsmöglichkeiten offenlegen und dazu einladen.

Ein guter Weg von Anfang an ist ein persönlicher **Einladungs- bzw. Vorstellungsbrief** der zuständigen Pädagogin bzw. des zuständigen Pädagogen, in der er*sie sich selbst und seine*ihre Grundprinzipien vorstellt und die Bedeutung und Offenheit für gemeinsame Zielsetzungen betont. Eine gute Basis einer begleitenden, befördernden Gesprächskultur schaffen **regelmäßige Entwicklungsgespräche** mit gegenseitigen Rückmeldungen und gemeinsamen Vereinbarungen ritualisiert und in festen Zeitabständen (vgl. Sacher 2019, S. 123), in die jeweils alle mitverantwortlichen Elternteile ausdrücklich mit einbezogen werden sollten (s. Kap. 8). Hinzu kommen die **aktuellen, miteinander abgesprochenen Mitteilungsmöglichkeiten über Mails, Telefonate, Chats** für beide Seiten, die nicht nur die Probleme beinhalten sollten, sondern vielmehr die besonderen Fortschritte des Kindes. Daneben gibt es selbstverständlich von Anfang an kommunizierte, **feste Elternsprechstunden bzw. Elternsprechtage** mit klarem Anmeldemodus. Eine funktionierende Umgangskultur in dieser Weise beinhaltet, dass diese **konkreten Verabredungen miteinander in vertrauens- und rücksichtsvoller Weise eingehalten werden,** und sie ist auch gekennzeichnet durch eine offene Haltung für Anregungen von beiden Seiten (s. Kap. 6.4). Dabei bleibt unbedingt zu berücksichtigen, dass „schwer erreichbare" Elternteile explizit und in besonderer Weise angesprochen werden sollten, um mögliche Hürden, wie Sprachbarrieren, Vorbehalte gegen Schule grundsätzlich, schambesetzte Hindernisse, zu überwinden und sie so in die Entwicklungsarbeit wenigstens teilweise mit einzubeziehen (vgl. Sacher 2019, S. 110ff).

Darüber hinaus sollte der Elternschaft **ihre Kooperations- und Mitbestimmungsmöglichkeit** in Form von Elternversammlungen, -gremien, -stammtischen und ihre Vernetzung mit anderen Schulpartner*innen (Kollegium, Schüler*innenschaft) verdeutlicht werden (s. Kap. 6.2 und 6.5). Unter Umständen gibt es auch weitere Mitwirkungsmöglichkeiten zur Unterstützung bestimmter Elterngruppen als **Elternmentor*innen, Bildungspaten und -patinnen oder auch Dolmetscher*innen.** Gerade bei Klassen- oder Schulprojekten bzw. -unternehmungen können sich Eltern mit ihrer Expertise einbringen und ganz praktisch und unterstützend mitgestalten.

6.2 Setzen klarer Strukturen bereits in ersten Elternversammlungen

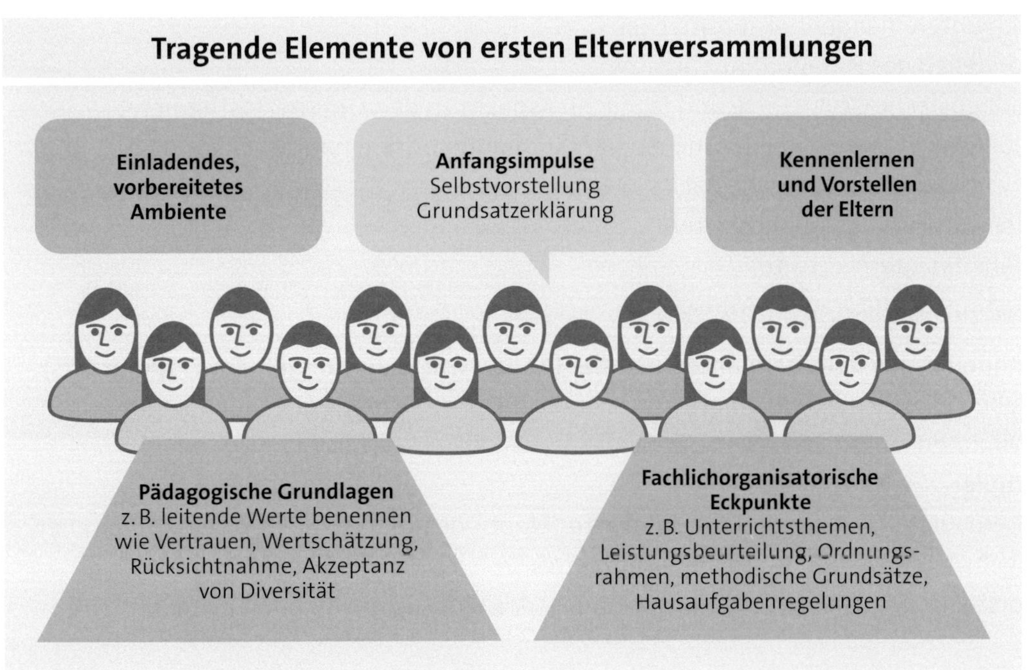

Erfahrungsgemäß ist von grundlegender Bedeutung für eine vertrauensvolle, oft jahrelange Zusammenarbeit mit Eltern in welcher Form die Pädagogin bzw. der Pädagoge den Erstkontakt (Vorstellungsbrief an Eltern oder Kinder, Einladung zur Elternversammlung) und das **persönliche Kennenlernen in einer ersten Elternversammlung** gestaltet.

Wichtig ist, dass sich die Eltern von **vornherein willkommen fühlen,** unterstützt durch eine einladende Atmosphäre, beispielsweise durch einen ansprechend gestalteten Raum (Sitzordnung, Tischkärtchen, Getränke, Bilder der Kinder im Raum usw.) sowie eine herzliche Begrüßung mit erstem Small Talk beim Ankommen. Entscheidend für das zukünftige Miteinander sind einleitenden Worte genauso wie **das Auftreten und die Haltung, begleitet von entsprechend zugewandter stimmiger Mimik und Gestik.**

Für eine erste Elternversammlung schlagen wir Ihnen folgende Anfangsimpulse vor, danach eine mögliche Struktur und anschließend, wie Sie das Kennenlernen untereinander gestalten können.

1. Mögliche Anfangsimpulse durch Pädagog*in

Da sich die Eltern gern frühzeitig ein Bild über die Persönlichkeit der Pädagogin bzw. des Pädagogen machen möchten, halten wir es für angemessen, einige persönliche, charakteristische Eckpunkte voranzustellen.

- Freundliche **Begrüßung** aller Anwesenden
- **Kurze Selbstvorstellung:** z. B. warum bin ich Lehrkraft geworden, was ich an der Arbeit besonders schätze, inwiefern freue ich mich auf diese Klassenstufe und die Fächer
- **Kurze Grundsatzerklärung:** z. B. Mir ist wichtig, dass wir nach gemeinsamen, miteinander abgestimmten Wegen für Ihr Kind suchen, die es rundum fördern, Sie im häuslichen Bereich, wir im schulischen. Dabei sind Ihre Einschätzung, Begleitung und Ihre Ideen für mich grundsätzlich sehr wertvoll, kennen Sie doch Ihr Kind viel umfassender als ich. Kooperation und gegenseitige Wertschätzung sind dabei für mich grundlegend und leitend.

2. Skizzierung der Struktur

Um nach der kurzen Grundsatzerklärung den Eltern einen schnellen Überblick über den Ablauf der Elternversammlung zu ermöglichen, finden wir es zielführend, die Struktur kurz zu skizzieren, z. B. **folgende Tagesordnungspunkte erwarten Sie heute:**

- Sich untereinander bekanntmachen
- Vorstellen des Pädagog*innenteams
- Pädagogische Grundsätze und fachliche Aspekte zu den Unterrichtsthemen
- Möglichkeiten des Dialogs und der Verständigung untereinander
- Wichtige organisatorische Basics
- Ihre Mitwirkungsmöglichkeiten
- Wahl der Elternvertretung
- Austausch und Fragen, Wünsche

3. Kennenlernen der Eltern untereinander (Abbau von Hemmungen des Erstkontakts)

Neben einer einfachen Vorstellungsrunde, die unter Umständen auch angemessen sein kann, bieten wir Ihnen hier Alternativen an, die die Atmosphäre zusätzlich auflockern können.

Grundschule:

- Elternvorstellung zu Kind **mit Bildkarte** (Emotioncard, Postkarte) zu einer typischen positiven Eigenschaft, Namen und Wohnort im Kreis,
- Vorstellung über eine Zeichnung / ein Bild des Kindes zum eigenen Umfeld

- **soziometrische Kette:** Junge oder Mädchen, alphabetische Reihenfolge der Vornamen, Geburtstage o. Ä.
- **Partner*innen- oder Gruppenauslosung:** Erstaustausch untereinander unter bestimmten Kriterien
- Austausch im **„Zwiebel-Rotationsverfahren"** mit immer neuen Partner*innen zu bestimmten Kennenlernimpulsen.

Weiterführende Schule:

- **soziometrische Kette:** (siehe oben), Hobby des Kindes, Lieblingsfächer des Kindes
- **Austauschrunden** zu unterschiedlichen Themen (z. B. Ausgangsschule, Nähe zum Wohnort)

6.3 Grundlegende Prinzipien professionell mediativ vertreten

Auf der Grundlage intensiver Gespräche mit beiden Erziehungspartner*innen, insbesondere im Konfliktfall, wird immer wieder deutlich, wie wichtig **die Klärung der grundlegenden Prinzipien des Miteinanders und der gelebten Umgangsformen** gleich zu Beginn ist. Deshalb möchten wir Ihnen hier mögliche wichtige Eckpunkteaufzeigen, die Sie entsprechend Ihrer Pädagog*innenpersönlichkeit und den **jeweiligen Ausgangsvoraussetzungen** (Art der Einrichtung, Schulform, Altersstufe, Umgebungsbedingungen, Elternklientel) **unterschiedlich modifizieren sollten.** Dabei ist es wichtig, jedem dieser Themenbereiche entsprechend der Notwendigkeit Beachtung zu schenken, da diese Klarheit und Struktur in die gemeinsame Erziehungsverantwortung bringen.

6.3.1 Pädagogische Grundlagen kommunizieren

Essenziell für eine funktionierende, lebendige Erziehungspartnerschaft ist das Offenlegen und klare Kommunizieren der eigenen pädagogischen und moralischen Prinzipien, die als Leitlinien für den gemeinsamen Erziehungsauftrag stehen. Hinzu kommen die Prinzipien und Leitlinien der Schule im Besonderen. Unsere Erfahrungen zeigen, dass gemeinsame soziale und ethische Werte vielfach still vorausgesetzt werden, häufig aber nicht unbedingt in Übereinstimmung stehen, was möglicherweise zu grundlegenden, aufreibenden Konflikten führen kann. Ebenso wesentlich ist es, die klare Trennung von Verantwortlichkeiten in Schule und Elternhaus mit gegenseitiger Achtung persönlicher Prioritäten und Stile zu betonen ebenso wie das Entwickeln gemeinsamer Wege und Lösungen im Sinne des Kindes.

Als mögliche zentrale Werte im mediativen Sinne könnten Sie je nach Ihren persönlichen Schwerpunkten folgende Prioritäten setzen und entsprechend betont zum Ausdruck bringen: Vertrauen, Wertschätzung, Gemeinschaft, Fairness, Hilfsbereitschaft, Humor und Spaß, ökologische Verantwortung und Kooperation sowie offener Umgang mit Konflikten. Es hat sich nach unserer Erfahrung aus Gründen der Transparenz weiterhin bewährt, neben diesen allgemeinen Grundwerten **die persönlichen Schwerpunkte des sozialen Miteinanders im Schulalltag klar zu benennen,** z. B. gegenseitige Rücksichtnahme und Unterstützung, grundlegender Respekt und eigene Zurückhaltung, Akzeptanz von Diversität, Gemeinschaft leben und gestalten, Feiern von Erfolgen, gemeinsame Aktionen usw. (vgl. Kap. 4.2). In diesem Zusammenhang halten wir das Kommunizieren der grundsätzlichen Regel für wichtig, dass **auftauchende Einzelkonflikte unbedingt separiert werden müssen** und keinerlei Bloßstellung vor der Gruppe, z. B. in Elternversammlungen, erfolgen darf. Ergänzend kann bei dieser Gelegenheit darauf hingewiesen werden, dass **Konflikte in einer Klasse auch zum Tagesgeschäft gehören** und nur mit Beteiligung aller Involvierten in allerdings respektvoller und vertraulicher Weise ggf. mit Unterstützung der Eltern gelöst werden können.

6.3.2 Fachlich-organisatorische Eckpunkte darstellen

Neben diesen ethisch-moralischen Prinzipien als Grundlage des sozialen Umgangs miteinander charakterisiert sich die Lehrkraft insbesondere mit ihren fachlich-didaktischen Kompetenzen im jeweiligen Kontext. Hier finden wir es wichtig, von Anfang an klarzustellen, **welche grundlegenden Erwartungen zum Lernverhalten, zu organisatorischen Basics und zu Hausaufgabenregelungen gestellt werden:**

1. Fachliche Prioritäten klarstellen:
- Hauptziele, methodische Grundsätze (ggf. schulinterne Regelungen)
- Vorgehensweise im Schuljahr, grundlegende Inhalte/Themen
- Grundlagen der Leistungsbeurteilung, Punkte/Zensuren, Mindestanforderungen mit Bewertungsgrundsätzen (bei Eingangsklassen hat das keine Relevanz)

2. Basics im Lernverhalten und in der Organisation verdeutlichen:
- Grundverhaltensweisen von Ordnung: Hefterführung, Arbeitsmaterialien, Zeitstrukturen einhalten
- Regelmäßige Übung (Umfang) notwendig in der Schule und zu Hause
- Regelung von Zusatzaufgaben
- Je nach Fach und Methodik Erklären grundsätzlicher methodischer Elemente wie Freiarbeit/Wochenarbeit, Werkstätten, Portfolios
- Umgang mit Lernschwierigkeiten, Hilfen in der Klasse oder übergeordnet durch Tutor*innen
- Elemente des pädagogischen Wechsels wie Spiele, Entspannung und gemeinsame Feiern

3. Klare Haltung und Umgangsweisen mit Hausaufgaben kommunizieren:
- Ungefähre Zeitangaben je Altersstufe und geltende schulische Richtlinien
- Verabredungen und Regelungen bezüglich des Wochenendes
- Umgang mit vergessenen Hausaufgaben
- Bei größeren Problemen Rücksprache bzw. Bemerkungen in Mitteilungsmöglichkeit

6.4 Informationsfluss untereinander mit Klarheit und Offenheit regeln

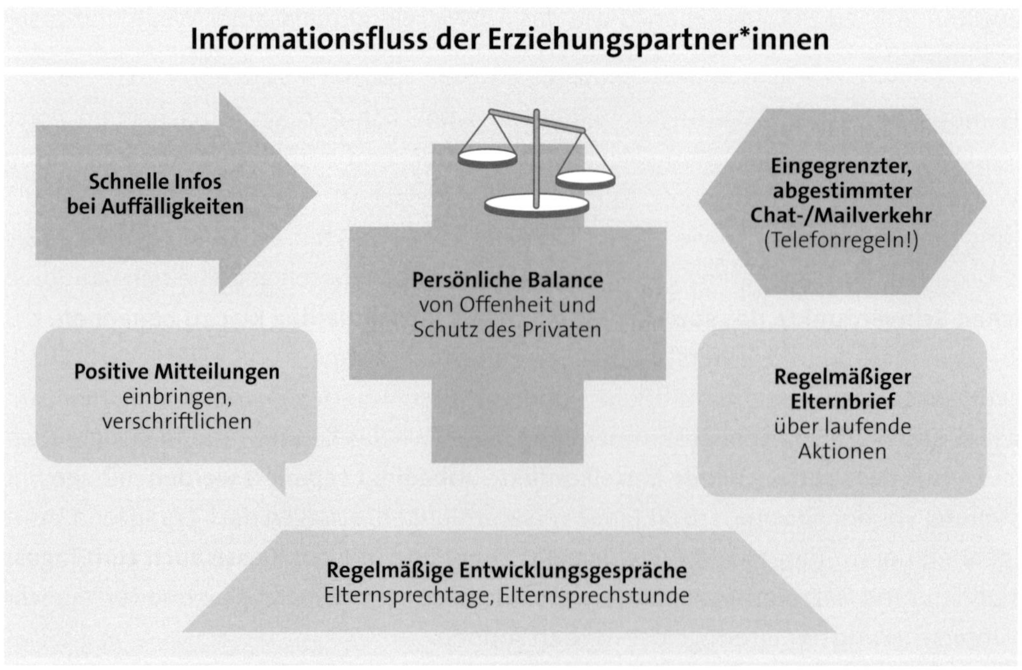

Nach unseren Erfahrungen führen hier unklare Absprachen über die Verständigungswege miteinander häufig zu Ärger und Verstimmungen auf beiden Seiten. Aus diesem Grund sollte in Abstimmung gut miteinander überlegt werden, wie kurzfristige wichtige Mitteilungen möglich sind, aber trotzdem keine Überfrachtung und kein störender Eingriff in die Privatsphären beider Seiten erfolgt. Entscheidend ist dafür **eine persönliche Balance von Offenheit und Schutz des Privaten,** die als gleichermaßen verkraftbar und konstruktiv für beide Seiten erlebt wird.

Vielfach wird uns Folgendes gespiegelt und es zieht nicht selten erhebliche Beziehungsstörungen und aufwendige Klärungsgespräche nach sich, wenn im Rahmen des Mail- und Chatverkehrs ungeprüfte, missverständliche und oft emotional gefärbte Mitteilungen schnell verbreitet werden und die Runde machen. Vermeiden lassen sich diese unangenehmen und zeitaufwendigen Beeinträchtigungen durch **einen abgestimmten, rechtzeitigen und bedachten Austausch bei Auffälligkeiten auf beiden Seiten** (vgl. Jensen/Jensen 2016, S. 84). Neben diesen aktuellen Absprachen sind natürlich gegenseitige, kontinuierliche Informationen und geregelte intensive Austausche zur Entwicklungsförderung elementar.

Hier folgen die wesentlichen Verständigungswege im Überblick:

- **eingegrenzter abgestimmter Mail-/Chatverkehr** oder Mitteilungsheft mit klaren Zeitfenstern für beide Seiten
- **Telefonregeln** mit Festlegung der Anlässe und Zeitpunkte
- **Positive Mitteilungen** einbringen und verschriftlichen (Lob, soziale Einsätze in der Klasse)
- Regelmäßiger **Elternbrief** über monatliche Vorkommnisse und Aktionen innerhalb der Klasse
- **schnelle Informationsweitergabe bei Ungereimtheiten/Auffälligkeiten** untereinander über die abgestimmten Wege und Kanäle ermöglichen
- Information über die **regelmäßige Elternsprechstunde** und mögliche Verabredungswege
- Organisatorisches zu **Elternsprechtagen**
- **Regelmäßige Entwicklungsgespräche** mit Verabredung konkreter Bildungs- und Erziehungsziele ggf. unter Einbeziehung der Schülerin bzw. des Schülers

6.5 Über Elternversammlungen Kooperationen anregen und gemeinsam entwerfen

6.5.1 Bedeutung gemeinsam abgestimmter Kooperationswege hervorheben

Um mögliche gegenseitige Vorbehalte und Unsicherheiten bezüglich der Kooperation miteinander gar nicht erst aufkommen zu lassen (vgl. Kap. 3), halten wir es für zielführend, **grundsätzliche Offenheit und echtes Interesse von Anfang an zu betonen und umzusetzen.** Das beinhaltet gegenseitiges Ernstnehmen und Zuhören sowie die Zusicherung, Vorschläge und Wünsche der jeweiligen Erziehungspartner grundsätzlich zu erwägen und in einen möglichen Konsens zu überführen. Denn oft kann erst über dieses bewusste Aussprechen ein gegenseitiges Vertrauen in den Kooperationswillen aufgebaut werden bzw. wachsen, um damit mögliche ungünstige Vorerfahrungen im Schulkontext überschreiben zu können. Hierbei ist unbedingt eine **gute Abwägung der konstruktiven Unterstützungsmöglichkeiten einerseits, aber auch der Abgrenzung der spezifischen Aufgabenbereiche und Verantwortlichkeiten andererseits** sowohl auf schulischer als auch auf familiärer Seite angebracht.

6.5.2 Wahl der Elternvertretung gründlich vorbereiten

Besonders bei neuen Klassenkonstellationen ergibt sich häufig die Situation, dass sich keine Kandidat*innen für die Aufgabe der Elternvertretung zur Verfügung stellen. Das könnte einerseits den Hintergrund haben, dass jede Zusatzbelastung ein „Zuviel" für die Eltern bedeutet, aber auch, dass andererseits unklare Vorstellungen bezüglich der Möglichkeiten, Verpflichtungen und Grenzen bestehen. **Deshalb halten wir folgende Klärungsschritte für sinnvoll:**

- Informationen über Mitwirkungsmöglichkeiten, Verpflichtungen und Grenzen der Eltern an der Schule und schulübergreifend in dieser Funktion (bei Folgewahl könnten bisherige Elternvertreter*innen ergänzen)
- Wünsche und Vorstellungen auch des Pädagog*innenteams dazu (kurze Statements)
- Konkrete Vorstellungen und Wünsche mit allen Eltern in offener Austauschrunde diskutieren und zusammentragen
- **Wahl der Elternvertreter*innen mit Vorinformationen zu Wahlprozedere,** geheime Wahl, Wahlzettel usw., Durchführung bereits durch Eltern als Wahlhelfer*innen
- Beglückwünschen und ggf. erste Verabredungen treffen

6.5.3 Gemeinsame Gestaltung von Elternversammlungen

Nachdem die Elternvertreter*innen gewählt wurden, können die Form, die Inhalte und der Ablauf der zukünftigen Elternversammlungen miteinander abgestimmt werden. Aus **Transparenzgründen ist es erfahrungsgemäß sinnvoll, die Einladung, Organisation und Leitung der Elternversammlungen in Elternhand zu belassen.**

Folgende Features könnten bei Vorbereitung und Durchführung dafür relevant sein:

- Terminfindung (ggf. Beteiligung von Schüler*innenvertretung)
- **Themenkatalog absprechen** (Einbringen und Besprechen von Themen und Problemen nach vereinbartem Prozedere)
- Offizielle Einladung an alle Beteiligten
- Tagesordnung vorstellen und gemeinsam abstimmen
- **Beginn: verbindliche, wertschätzende Einleitung** mit Blick auf positive Entwicklungen und Aktionen der letzten Zeit
- Tagesordnung durchgehen (evtl. aufgelockert durch Austauschrunden und Kleingruppenarbeit)
- **Ende:** Punkte für Verschiedenes und aktuelle Wünsche offenlassen, Rückschau und Feedbackrunde

Bestehen das Interesse und die Möglichkeit, können auch innovative Formen von gemeinsamen, gemischten Eltern-/Schüler*innen-/Pädagog*innenzusammenkünften oder auch Mädcheneltern- und Jungeneltern-Versammlungen einmal erprobt werden.

6.5.4 Langfristig tragende praktische Kooperationsmöglichkeiten miteinander abstimmen

Um den gemeinsamen Kooperationsformen eine angemessene Gestalt zu geben, braucht es Abstimmungen über die gemeinsamen Grundsätze und die konkreten Felder und Möglichkeiten des Miteinanders. Gerade diese praktische Zusammenarbeit in pädagogischen Zusammenhängen ermöglicht den Erziehungspartner*innen in verbindender Form einen öffnenden Einblick für- und konstruktive Gespräche miteinander.

Im Einzelnen könnten folgende mögliche Beteiligungsformen entsprechend der Altersstufe und Schulform diskutiert (geklärt) werden:

- Zunächst klärende **offene Austauschrunden zu Schwerpunkten und Feldern der Mitwirkung** mit allen Beteiligten
- **Konkrete Wünsche von Eltern und Pädagog*innen aneinander**
- **Abstimmung von gemeinsamen Aktionen** (Schulfeste, Projekttage, Tag der offenen Tür usw.)
- **Pädagogische Unterstützung durch Expertise der Elternschaft** (z. B. Lernpatenschaften, Mitwirkung in Lernwerkstätten, AG-Angebote, Pausenangebote)
- **Austausch über aktuell interessante pädagogische Themen ggf. mit Expert*inneninfos (Elternkurse mit Pädagog*innen)** unter gemeinsamer Leitung (auch als Gruppenarbeit möglich)
- Vereinbarung im Konfliktfall: direkte schnelle Ansprache (ggf. über Elternvertreter)

6.5.5 Gegenseitige Unterstützung bei Kernaufgaben und besonderen Herausforderungen

Da die OECD-Studie von 2010 (vgl. Sacher 2019, S. 88 ff) deutlich macht, dass die Unterstützung von Hausaufgaben und die Begleitung des Lernens durch Eltern oftmals nicht den gewünschten Effekt hat, halten auch wir es für sehr zielführend**, Eltern richtungsweisende pädagogische Hinweise für eine effektive Lernbegleitung** zu geben.

Folgende Gesichtspunkte sind dabei hilfreich:

- **Förderung der Selbstständigkeit bei der Erledigung von Lernaufgaben** durch Hinweise auf eigene Problemlösungsstrategien
- Interesse am Vorankommen und an den Lerninhalten
- **Emotionale Unterstützung insbesondere bei Schwierigkeiten**
- Herstellen einer förderlichen Lernatmosphäre

Gerade bei entscheidenden Weichenstellungen des Kindes (Schullaufbahn, Berufsorientierung) sind gegenseitige, aktuelle Informationen und Austausche über passende Optionen ggf. im Beisein des beteiligten Schülers bzw. der beteiligten Schülerin ausgesprochen hilfreich. Denn die gut gemeinte, persönlich gefärbte Beratung durch die Eltern ist zwar sehr bedeutsam, aber deckt unter Umständen nicht die ganze Bandbreite der aktuellen Wahlmöglichkeiten ab (denn ¾ der Schüler*innen richten sich gern nach Eltern, vgl. Sacher 2019, S. 85).

- **umfassende Informationen zu Schul- und Berufsalternativen**
- **substanzieller Austausch über Interessen und Kompetenzen des Kindes**
- Offenheit für die Entscheidungswege des Kindes

In der heutigen Zeit kommen immer öfter tiefgreifende gesellschaftliche und familiäre Probleme in Schule an, die besondere Maßnahmen, Flexibilität, Kreativität und Einsatzbereitschaft aller Beteiligten erfordern.

Hier ist eine funktionierende Kooperation mit besonderen Hilfen der Elternschaft sehr hilfreich:

- **Koordination von Hilfen bei Sprachbarrieren, Flüchtlingsproblematiken, kulturellen Unterschieden**, z. B. durch Vernetzung mit außerschulischen Partnern, Bereitstellung von Dolmetscher*innen oder Vertreter*innen aus bestimmten Kulturen, aktive Flüchtlings- oder Nothilfe
- **Bereitstellung von Bildungspat*innen oder Hausbesuchen bei schwer erreichbaren und vermeintlich desinteressierten Eltern** (vgl. Sacher 2019, S. 94ff: sehr selten liegt Desinteresse der Eltern vor, viel mehr eigene schlechte Erfahrungen mit Schule, Scham wegen eigener prekärer Familienverhältnisse, distanziertes Lehrerverhalten)

7 DISKUSSION AKTUELLER ERZIEHUNGSTHEMEN UND MÖGLICHKEITEN PRAKTISCHER UMSETZUNG

Steuerrad

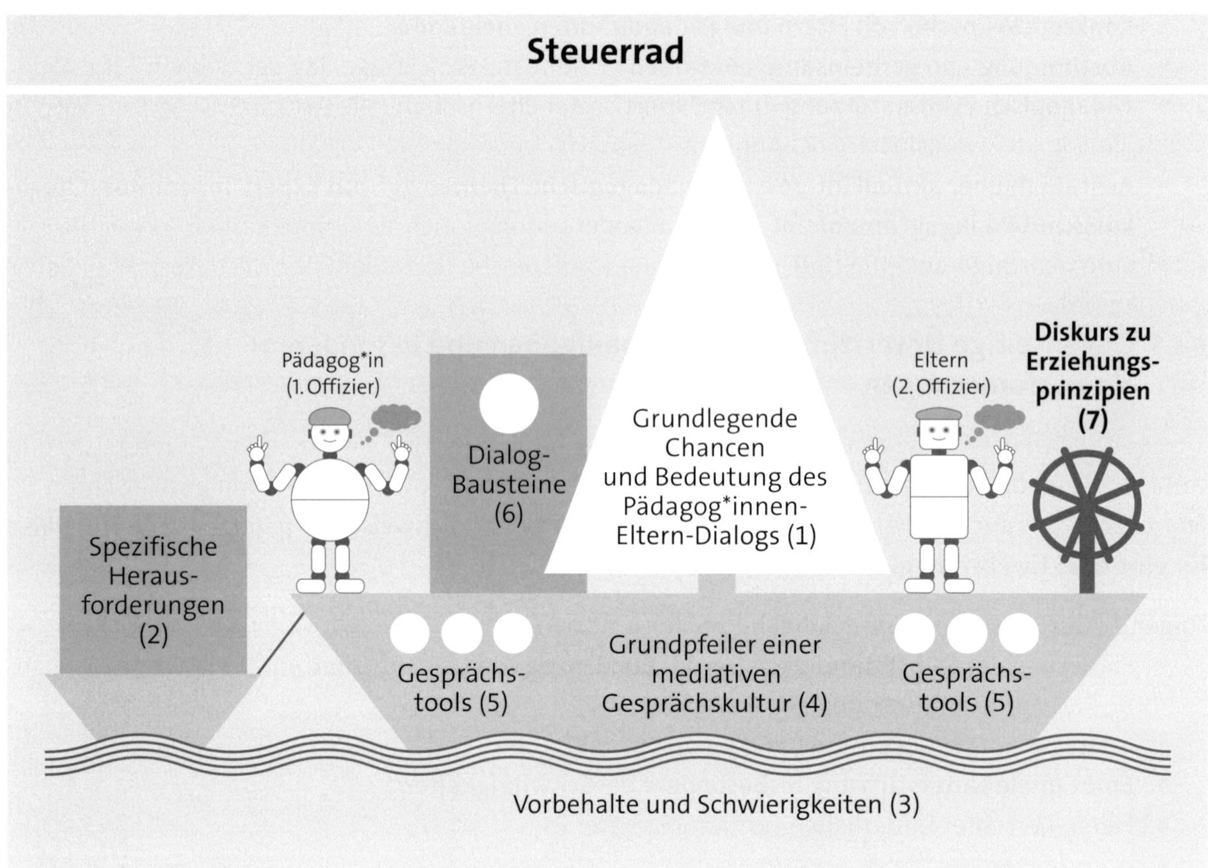

Diskurs zentraler Erziehungsthemen in pädagogischen Einrichtungen

Individualiesierung,
verstärkte Selbstständigkeit
schränkt u. U. Anerkennung von Autoritäten ein!

Vielfach
Permissive Tendenzen
in der Erziehung

Verbreitete
Verunsicherungen
Vorbehalte, Werteunklarheiten,
kulturelle Unterschiede
in Erziehungsfragen

Notwendigkeit von Austausch und Klärung
in Erziehungsthemen zwischen den Erziehungspartner*innen
Diskussionsrunden – Expert*inneninfos – Elternkurse

Neben der kürzeren aktuellen Thematisierung pädagogischer Themen in Elternversammlungen halten wir es wegen der **verbreiteten Unsicherheit und Unterschiedlichkeit vieler Elternhäuser in Werte- und Erziehungsfragen** für zielführend und die Bildungsarbeit ausgesprochen unterstützend, umfangreichere **pädagogische Themenangebote** anzubieten. Je nach Interesse und den organisatorischen bzw. finanziellen Gegebenheiten sind schon einzelne Info- bzw. Diskussionsabende ggf. unterstützt durch Expert*innen und/oder die Pädagog*innen vor Ort durchaus hilfreich. Aber selbstverständlich noch effektiver und empfehlenswerter sind **programmatisch aufgebaute Eltern-Pädagogikkurse,** die das Kennenlernen, die Selbstreflexion und die Diskussionsmöglichkeiten in viel intensiverer Weise fördern können. Sehr bedauerlich ist, dass es gerade für diese Grundlagen von Bildungsarbeit in den Erziehungseinrichtungen kaum Ressourcen und damit passende Angebote für Eltern vor Ort gibt (leider oft nur von externen Trägern), obwohl viele Eltern vor Schulbeginn daran durchaus interessiert sind. Besonders in Brennpunktbereichen mit bildungsfernen Umgebungen, Berührungsängsten mit staatlichen Organisationen und kultureller Vielfalt wären sie eine hilfreiche Unterstützung und **könnten den so notwendigen angeleiteten Dialog unterschiedlicher Auffassungen und möglicher Vorbehalte untereinander fördern.** Denn von einem gesellschaftlichen Konsens zu Erziehungsfragen verbunden mit einer umfänglichen **Anerkennung von Erziehungsautoritäten,** wie sie noch vor einigen Jahrzehnten bei uns weitgehend normal war, **ist heute einfach nicht mehr auszugehen** (vgl. Jensen/Jensen 2016, S. 13). So kann eine gemeinsame Erziehungsbasis zwischen den Erziehungspartner*innen vor Ort vielfach nur über Einzelgespräche und mehr zufällige Kontakte im Alltag hergestellt werden, womit die Pädagog*innen und Eltern besonders aus anderen kulturellen Zusammenhängen/Schichten nicht selten überfordert werden.

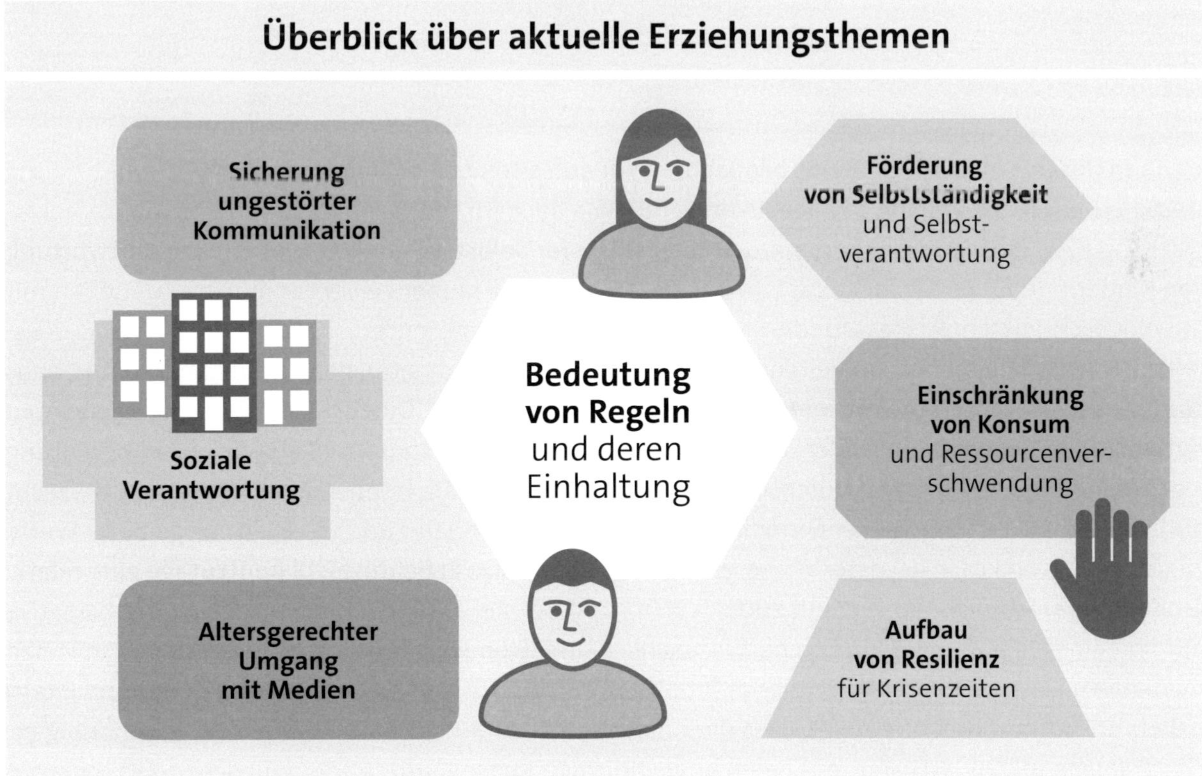

Mit dem nun folgenden Überblick über zentrale Themenstellungen bedeutsamer pädagogischer Fragen möchten wir Ihnen **Anregungen für einen Diskurs der Erziehungspartner*innen** anbieten, wobei wir inhaltliche Eckpfeiler betonen werden, die wir aus unserer mediativen Sicht für eine gelingende Bildungs-Beziehungsarbeit für besonders wichtig halten. Möglicherweise finden Sie das eine oder andere Thema gerade für Ihre Elternschaft oder aus Ihrer eigenen Erfahrung heraus besonders relevant und möchten es entsprechend aufgreifen bzw. Expert*innen dazu bitten. Die **Themen sollten Sie jeweils adressat*innenspezifisch anpassen bzw. auswählen** und in einen für Sie möglichen organisatorischen Rahmen stellen. Auf großes Interesse und Offenheit stoßen viele dieser Themen besonders bei Eltern vor dem **Schuleintritt** ihrer Kinder bzw. mit dem **Wechsel auf eine weiterführende Schule,** weil diese Übergänge vielfach verständliche Unsicherheiten aufkommen lassen.

7.1 Bedeutung von Regeln und deren Einhaltung

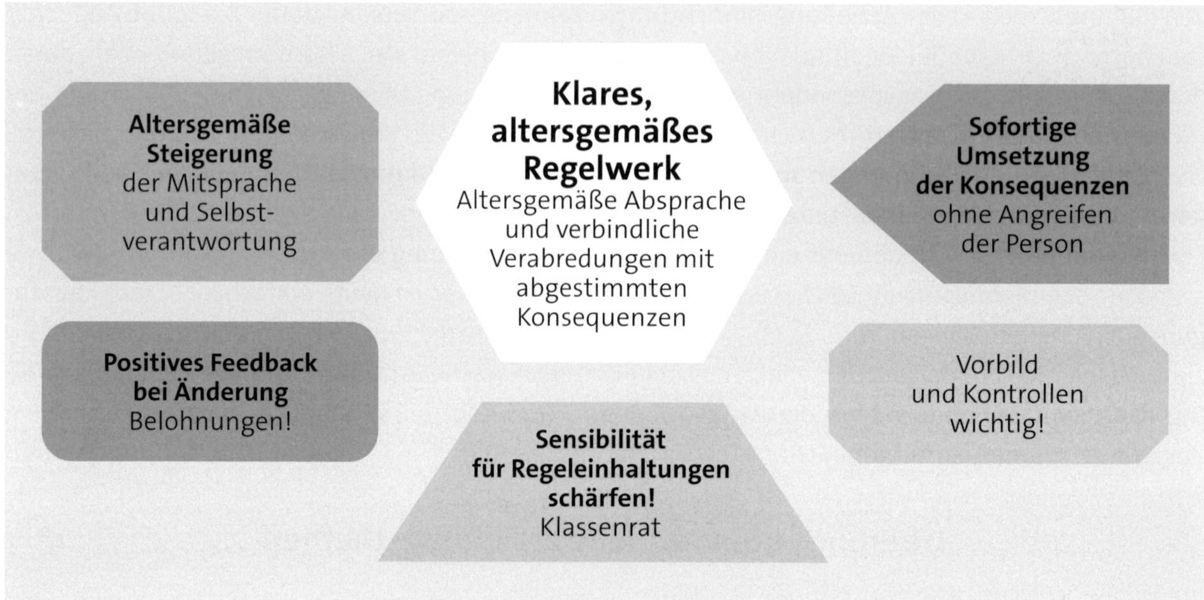

In unserer mediativen Arbeit beobachten wir aufseiten beider Erziehungspartner*innen häufig Unsicherheiten im Umgang mit Regeln im Schul- wie auch im Familienalltag. Im Zuge von Demokratisierung bzw. Individualisierung mit dem Ziel **stärkerer Selbstständigkeit und Eigenverantwortung von Kindern** und Jugendlichen entstehen u. U. zeit- und kraftraubende Verhandlungssituationen mit nur eingeschränktem Respekt für die jeweiligen Autoritäten (vgl. Jensen/Jensen 2016, S. 43). Diese Beteiligung bzw. Mitsprache am geltenden Regelwerk, die in einem altersgerechten Rahmen durchaus begrüßenswert ist, **erschwert andererseits möglicherweise das Durchsetzen von altersgerechten notwendigen Regeln** zum Schutz der Gemeinschaft und deren Konsequenzen bei Nichteinhaltung (vgl. Sacher 2019, S. 84). Diese Durchsetzung wird zu einem oft anstrengenden Prozess, wird sie nicht durch eine klare Leitung auf der Grundlage eindeutiger, einsehbarer und vor allem vorgelebter Werte begleitet. Das erklärt in gewisser Weise, warum der **permissive Erziehungsstil heutzutage eine relativ große Rolle spielt** (vgl. Hurrelmann 2006, S. 163f.) und der viel erfolgreichere autoritativ-partizipative nur von einem Fünftel der Elternschaft tatsächlich angewendet wird. Unsere Erfahrungen in vielen mediativen Gesprächen rund um diesen Problemkreis mit Schüler*innen, Pädagog*innen und Eltern haben uns immer wieder gezeigt, dass die Kinder selbst es sind, die sich klar gesetzte, schlüssig erklärte Regeln mit erwartbaren, mit ihnen abgestimmten Konsequenzen sehr wünschen. Oft schlagen sie viel härtere Konsequenzen als die Erwachsenen vor, denn sie fühlen sich in einem derartig geklärten Kontext sicherer. Dabei sei es ihrer Neugier, ihrer Naivität oder auch ihrem Einfallsreichtum geschuldet, dass sie diese Grenzen oftmals auszutesten versuchen, wie wir es in unserer Jugend sicher auch gern getan haben. Aber nur auf diesem Weg **lernen sie, dass es sinnvolle Grenzen im Zusammenleben gibt, die gelten und die sie einzuhalten haben**, weil sie eine soziale Ordnung ausmachen, die ihnen damit Orientierung und Sicherheit verleiht. Sind diese Grenzen immer wieder schwammig, verschiebbar oder „ausdiskutierbar", dann verunsichern wir die Kinder hinsichtlich ihres Wertesystems, was sich auf ihre soziale Kompetenz u. U. bis ins Erwachsenenalter hinein ungünstig auswirkt. Deshalb erscheint es uns notwendig, in dieser grundlegenden pädagogischen Frage der Regelsetzung und letztlich damit der allgemeinen Werteorientierung, **pädagogische Diskussionen anzuregen und naheliegende Konsequenzen in der Erziehung zu verdeutlichen.**

Folgende Eckpunkte halten wir in diesem Zusammenhang für bedeutsam:

- Von Anfang an **altersgemäße Absprachen und verbindliche Verabredungen zu geltendem Regelwerk** der wichtigsten Umgangsfragen miteinander in der Klassengemeinschaft und zu Hause
- **Bei älteren Kindern** und Jugendlichen breitere Diskussion um geltende Regeln mit **ansteigender Mitbestimmung und Selbstverantwortung** und differenzierteren Regelsystem, ggf. vertraglich festgeschriebene und unterschriebene Vereinbarungen mit festgelegten Konsequenzen
- Bindung aller Beteiligten an das Regelsystem gleichermaßen, d. h. entsprechendes **Vorleben** bzw. Umsetzung auch von den Erziehenden im Alltag selbst **(Vorbild, Leitfigur)**
- Grundsätzliches Vertrauen in Umsetzung aller ausstrahlen und aussprechen, trotzdem von Zeit zu Zeit angekündigte und auch ab und zu unangekündigte **Einzelkontrollen sind wichtig und notwendig,** um Regelsystem insgesamt zu schützen
- **Sensibilität für Übergriffigkeiten untereinander beispielhaft besprechen** und schulen (z. B. bei der Besprechung im **Klassenrat** oder bei Übertretungen), Kinder und Jugendliche dazu ermuntern, auch untereinander auf Regeleinhaltung in angemessener Form zu achten, ggf. Konfliktlotsen entsprechend dafür ausbilden (vgl. Rohnstock/Siebers-Koch 2021, S. 36).
- **Sofortige klare Umsetzung festgelegter Konsequenzen ohne Angreifen der Person** insgesamt, allein Ahndung des spezifischen Verhaltens in spezieller Situation, sachliche Tonlage anstreben, keine emotionalen Angriffe beim Aussprechen der Konsequenzen; **Begründung mit Benennen abgesprochener Prinzipien wichtig**
- Konsequenzen besprechen und durchsetzen, die mit Verfehlung im Zusammenhang stehen und möglichst allgemeinen Wert für die Gemeinschaft haben (z. B. Aufräumen, einfache Hilfeleistungen), Ausnahmen nur in unbedingt nachvollziehbaren Situationen zulassen
- **Positives Feedback bei Änderung des Verhaltens und Reue,** ggf. Chance zur Umkehr ermöglichen (Verwarnung! Gelbe Karte!)
- Bei guter Einhaltung über einen vorab besprochenen Zeitraum besonders positives Feedback, **Würdigung oder auch Belohnung ansetzen** und Erfolge aller „feiern"

7.2 Sicherung ungestörter Kommunikation und Pflege von Routinen und Ritualen in der Gemeinschaft

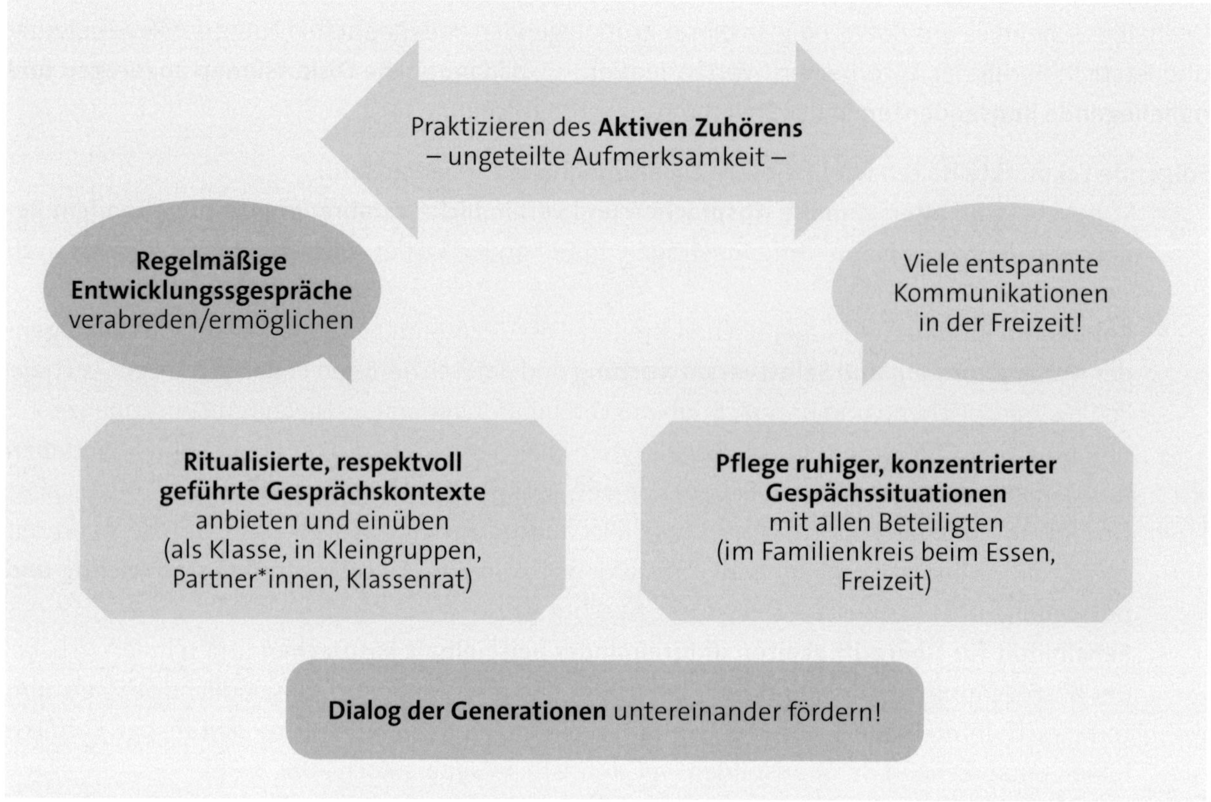

Da unsere moderne Gesellschaft durch **Beschleunigung und Verdichtung** gekennzeichnet ist, aber vor allem immer stärker **von medialer Vernetzung durchdrungen** wird, bleibt das Bedürfnis nach gesicherten Strukturen (Ordnung), aber vor allem auch nach ungestörter Kommunikation verbunden mit dem Gefühl des Gehört- und Beachtet-Werdens teilweise auf der Strecke. So werden die **ungeteilte Aufmerksamkeit und das echte Interesse des Gegenübers am Gesprächspartner*innen,** die über Regeln und feste Routinen abgesichert sind, zu wichtigen Grundlagen von Erziehung und Persönlichkeitsentwicklung, die heute nicht mehr selbstverständlich sind. Das bedeutet für das Miteinander im Klassenzimmer das ganz bewusste **Herstellen und Einüben von Gesprächssituationen und gemeinschaftlichen Aktionen bzw. Ritualen mit Respekt für und Rücksicht** aufeinander, welches durch ein gezieltes Training mediativer Kompetenzen unbedingt unterstützt und begleitet werden kann und sollte (vgl. Rohnstock/Siebers-Koch 2021). Gerade im familiären Rahmen, in dem wegen persönlicher, beruflicher, aber auch finanzieller Zwänge nicht immer die Kontinuität hergestellt werden kann, die wünschenswert wäre, sind feste Strukturen ohne mediale Verquickungen von ganz entscheidender Bedeutung für die Erziehung. Denn nur in einem **gesicherten Rahmen ungeteilter Zuwendung ohne Ablenkungen** (z. B. Begegnungszeiten bei den Mahlzeiten, bei gemeinsamen Hobbys, Sport) **können sich tiefere Dialoge entfalten**, die das Kind ernstnehmen, abholen und klärend, aber auch regulierend wirken können. Das ist nicht immer im Zwischendurch eines aktuellen Konfliktfalls gegeben, der oft emotional belastet ist und vielfach keine gute Basis für langfristig tragende Regelungen ermöglicht.

Folgende Eckpunkte halten wir in diesem Zusammenhang für bedeutsam:

- **Pflege und Förderung bzw. Schulung des Aktiven Zuhörens in Gesprächssituationen** wie Kleingruppengespräche oder Gespräche im Klassenverband, Einfordern und Einhalten von

Gesprächsregeln mit betontem Respekt der sprechenden Person (keine Kommentare, lächerlich machen u. Ä.)
- **Einrichtung von ritualisierten Arbeits- und Gesprächskontexten** (Klassenrat, vgl. Rohnstock/Siebers-Koch 2021, S. 44ff) genauso wie feste Zeiten zum eigenständigen Arbeiten (Freiarbeit, Werkstattarbeit), zum gemeinsamen Entspannen (ruhige, freie Beschäftigung), Feiern (Geburtstagsrituale), miteinander Spielen und Wettbewerb
- Neben den erzieherisch geprägten Entwicklungs- und Klärungsgesprächen oder förmlichen Gremien mit den Erziehungspartner*innen auch entspannte, vielfältige Kommunikationsanlässe im Rahmen gemeinsamer Aktionen, AGs, Veranstaltungen oder Festen mit aktiver Beteiligung und Vorbereitung aller Seiten ermöglichen
- Einrichten und Pflege regelmäßiger, **ruhiger, respektvoller** (nicht medial gestörter oder begleiteter) **Gesprächssituationen in der Familie mit altersgemäßer Beteiligung aller Familienmitglieder** (z. B. bei den gemeinsamen Essenszeiten), bewusste Ansprache aktueller Themen, offener Diskussion und gemeinsamer Verabredungen (Familienrat)
- **Förderung des regelmäßigen Dialogs zwischen den Generationen in Familien über Erziehung und Lebensfragen**, also nicht nur abgetrennte Betreuung durch Großeltern, sondern fairer Austausch über Erziehungsstile und -ziele, damit beide Generationen von den oft unterschiedlichen Haltungen und Erfahrungen jeweils profitieren können und zur kritischen Reflexion angeregt werden
- **Auch an Schulen gezielten pädagogischen Austausch zwischen den Generationen anregen**, ggf. auch in Erziehungskursen oder Elternabenden Großeltern als Austauschpartner einladen
- **Grundsätzlich bei den verabredeten Gesprächssituationen Einfordern und Vorleben ungeteilter Aufmerksamkeit** und Respekt ohne mediale Nebenbei-Beschäftigung, Bedeutsamkeit persönlicher Kontakte gegenüber medialen immer wieder verdeutlichen und fördern
- Pflege gemeinsamer, möglichst aktiver Betätigungen innerhalb der Familie ohne Leistungszwang, mit viel Bewegung, Kreativität (Handwerkliches, Künstlerisches) und Spaß neben den selbst verantworteten, gezielten Aufgaben innerhalb der Familie

7.3 Förderung von Selbstständigkeit und Selbstverantwortung altersgerecht unterstützen

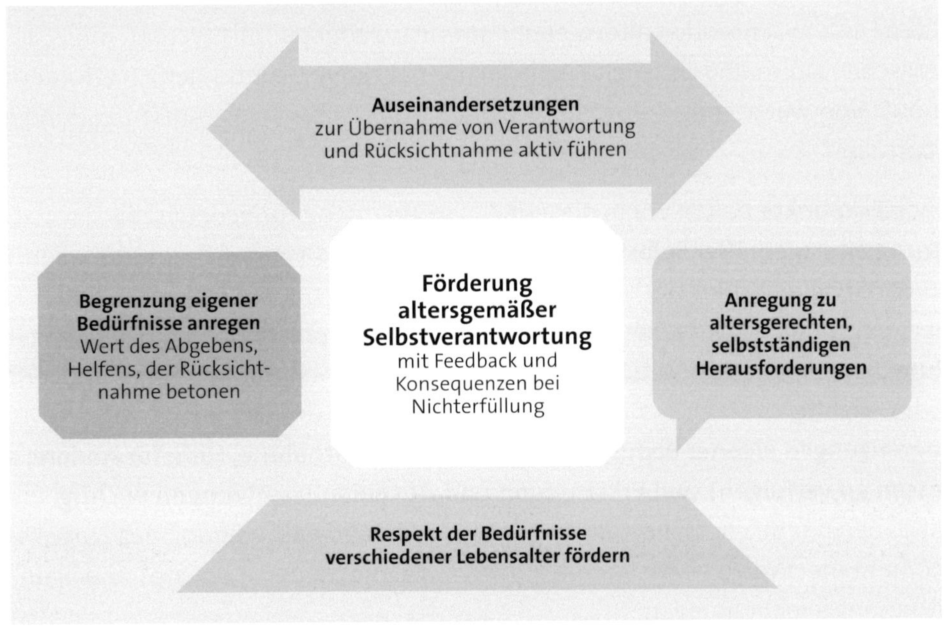

Im Zuge des Abbaus autoritärer Strukturen mit Unterordnung in Familie und Erziehungseinrichtungen steht die **individuelle Entwicklung des Kindes mit altersgemäßen Entscheidungsmöglichkeiten und erhöhter Selbstverantwortung** viel mehr im Vordergrund als noch vor einigen Jahrzehnten. Damit verbunden ist die Förderung von erhöhter Reflexionsfähigkeit, umfangreicheres Wissen in vielen Bereichen und oft größerer Selbständigkeit im frühen Alter. Jedoch sind diese gestiegenen Kompetenzen andererseits u. U. mit einer gewissen Selbstzentriertheit und nicht immer mit der notwendigen Selbstverantwortung und Selbstdisziplin für übernommene Aufgaben verbunden (vgl. Jensen/Jensen 2016, S. 12). Hier gilt es eine altersgerechte und individuelle Anpassung zu finden, die **dem Kind die altersgemäßen Chancen, aber auch die Notwendigkeiten und Grenzen seiner Handlungsmöglichkeiten aufzeigt,** entsprechend erklärt und vor allem eine **Selbstverantwortung mit Konsequenzen** für seine Aufgabenbereiche abspricht sowie dann auch entsprechend einfordert. Gerade weil Kinder und Jugendliche immer wieder versuchen werden, Grenzen auszutesten, ist es hier wichtig, bei den abgesprochenen Prinzipien zu bleiben, damit diese sich zu festen, erstrebenswerten, eigenen Werten der heranwachsenden Persönlichkeiten nach und nach entwickeln können. Dabei ist ihnen ein **angemessener Handlungs- und Erprobungsspielraum** zuzugestehen und es ist nicht voranbringend, ihnen bei auftauchenden ersten Schwierigkeiten bei der Bewältigung ihrer Aufgaben gleich helfend zur Hand zu gehen bzw. diese sogar schnell selbst zu erledigen. Denn durch das Abnehmen von vielleicht weniger motivierenden oder zunächst problematischen Aufgaben wird der Weg zur eigenen wachsenden Selbständigkeit mit persönlicher Resilienzentwicklung nicht gefördert, sondern behindert!

Sicher ist es im Rahmen des Themas Selbständigkeit bzw. Selbstverantwortung ein nie endender Prozess, die eigenen Bedürfnisse mit den Bedürfnissen der Familie, Klasse und mit Freund*innen abzugleichen und zu einem ausgewogenen Verhältnis miteinander zu gelangen. Damit diese Abwägung früh erfahren werden kann, sollten **die unterschiedlichen Interessen für die eigenen Belange und die der Umgebung in den verschiedensten Situationen des Lebens immer wieder angesprochen und diskutiert werden.** Denn nur so kann sich letztlich ein ausgewogenes Verhältnis, weg von der naiven Selbstzentriertheit des kleineren Kindes hin zu einer reflektierten, ausbalancierten Sicht des Jugendlichen/Erwachsenen, entstehen, die für eine gelungene Sozialisation entscheidend sein kann. In diesem Zusammenhang ist es wichtig, dass die Erziehungspartner*innen die notwendige Bewusstheit und Sensibilität entwickeln, u. U. auch **einen kontroversen Dialog mit den Kindern aufnehmen und ihn fair und geduldig führen,** um eine nachhaltige Wegweisung mitzugeben. Genauso wie dieser Diskurs mit den Heranwachsenden altersgerecht immer wieder geführt werden muss, so ist eine Abstimmung zwischen Eltern und Erziehenden in den Einrichtungen kontinuierlich erforderlich, wie hier gemeinsam auf eine wachsende Selbstverantwortung und Ausgewogenheit des Kindes hin zugesteuert werden kann.

Folgende **Eckpunkte** halten wir in diesem Zusammenhang für bedeutsam:

- **Förderung altersgemäßer Selbstverantwortung** für Spielsachen, Schulmaterialien, Hausaufgaben in der Schule und im Hort genauso wie für entsprechende Aufgaben in der Familie (aufräumen, einkaufen, Müll rausbringen u. ä.) **mit den entsprechenden Konsequenzen bei Nichterfüllung,** damit inneres System von Selbstdisziplin entsteht, **sensibles und differenziertes Feedback wichtig**
- **Bei Begrenzungen eigener Bedürfnisse (Teilen, Rücksichtnahme, Hilfe für Andere, statt eigene Interessen zu verfolgen) sind Erklärungen und Auseinandersetzungen wichtig**, eigenes Vorleben ist dabei mitentscheidend, auf mögliche Freude und Befriedigung des Zurücksetzens eigener momentaner Wünsche für andere aufmerksam machen und eigenes Abwägen immer wieder situationsgerecht anregen

- **Unterschiede in den Bedürfnissen verschiedener Lebensalter, insbesondere Kinder – Erwachsene in den verschiedensten Alltagssituationen immer wieder erläutern, erfahren** und Unterschiede altersgerecht respektieren, z. B. bei zeitlich begrenzter Kommunikation von Erwachsenen untereinander, Respekt auch gegenüber Berufsarbeit und Hausarbeit der Eltern abstimmen, Zeiten der Konzentration und Beschäftigung mit dem Kind im Gegenzug immer wieder in Aussicht stellen und einhalten
- **Anregung zu sich altersgerecht steigernden selbstständig zu erledigenden, auch herausfordernden Aufgaben** (schulisch, familiär, handwerklich, sportlich, geistig, musisch) mit möglichst eigener Realisation und nur begleitender Hilfestellung, dabei Betonung der Überwindung von Hürden mit eigenen Problemlösungen

7.4 Soziale Verantwortung als Teil der Erziehung

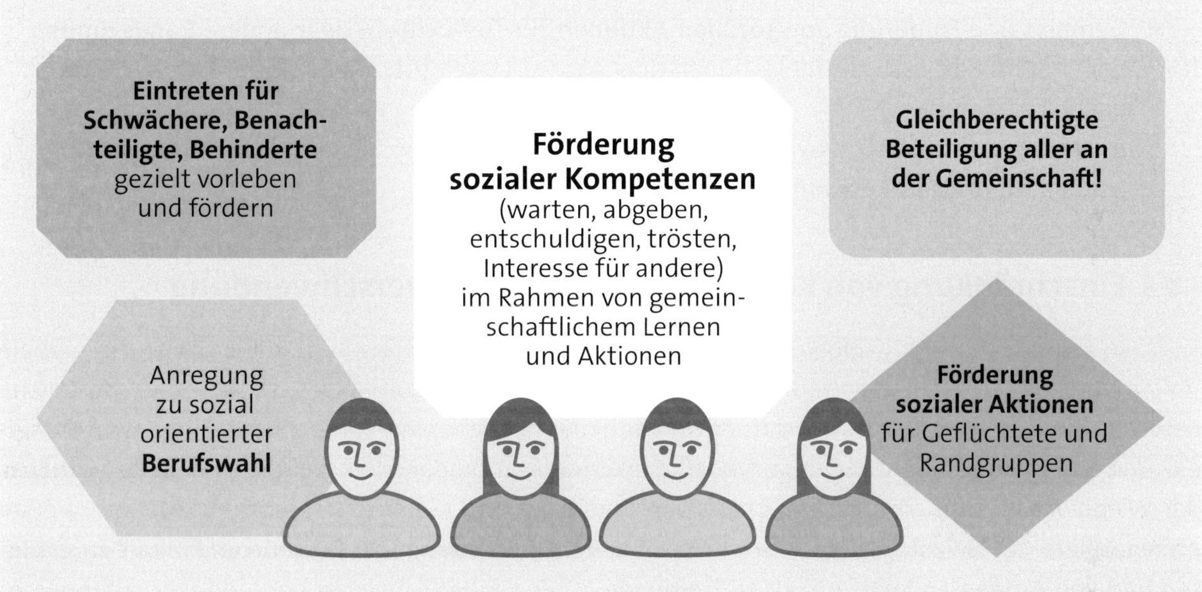

Das zuvor erläuterte Erziehungsthema der Selbstständigkeit und Selbstverantwortung ist Grundlage für die Entwicklung sozialer Verantwortung für die Mitmenschen im engeren und später immer mehr auch weiteren sozialen Kreis der Gesellschaft. Das kann bei den Heranwachsenden auch zu einer Orientierung im beruflichen Kontext und bei der Berufswahl zu einem leitenden Kriterium werden. Denn nur **wenn Kinder von früh an auf die Bedürfnisse ihrer Spielkamerad*innen und Geschwister und in sozialen Zusammenhängen zur Rücksichtnahme mit Empathie erzogen werden,** kann soziale Verantwortung für Benachteiligungen und Behinderungen aller Art beständig wachsen und schließlich zu wertvollen Initiativen führen. Entscheidend dafür bleibt das **beispielhafte Vorleben der Erziehungspartner*innen** und Anregungen im Alltag nicht nur zu eigener Bescheidenheit, sondern auch **zum Eintreten gegen Ungerechtigkeiten und Vernachlässigungen verschiedener Ausprägung.** Blickt man auf die sozial sich vielfach vergrößernden Unterschiede von Chancen oder finanziellen Ressourcen, dann werden diese Eigenschaften umso wichtiger für das Funktionieren und den Konsens einer Gesellschaft. Hier sind unsere Möglichkeiten gerade im Rahmen der Kindesentwicklung besonders groß und vielfältig, wenn eine Bewusstheit dafür angeregt und immer mehr entwickelt wird. Im Zuge der Förderung der sozialen Verantwortung der Kinder sollten zugleich aber auch die dafür notwendigen Voraussetzungen und Kompetenzen aller Erziehenden entwickelt und bereitgestellt werden (Elternkurse in Erziehung mit Austauschforen, qualitativ hochwertige Aus- und

Fortbildungen von Pädagog*innen, pädagogische Unterstützungssysteme von Anfang an in notwendigem Umfang). **In sehr vielen erzieherischen Situationen des Alltags liegt die Möglichkeit, auf die Gleichberechtigung verschiedenster sozialer und ethnischer Herkünfte, kultureller und religiöser Lebensart hinzuweisen.** Gerade auf diesem Weg könnten wirkungsvolle Ressentiments und Vorurteile, die oft in fehlenden menschlich positiven Kontakten begründet liegen, bearbeitet und langfristig verhindert werden.

Folgende Eckpunkte halten wir in diesem Zusammenhang für bedeutsam:

- **Förderung von gemeinschaftlichen Aktionen,** Spielen, Sport, Hobbys, Feiern und sachgerechten Aufgabenstellungen von Anfang an mit gezielter Beteiligung aller, dabei **Förderung sozialer Kompetenzen** wie das Warten, Abgeben, Entschuldigen, Trösten, Bestärken, Loben usw. und explizite Würdigung dieser Werte
- **Eintreten für Schwächere bzw. Benachteiligte in Einrichtungen und in familiären und sozialen Zusammenhängen fördern und beispielhaft umsetzen**
- **Gemeinsame Förderung von sozialen Aktionen für Geflüchtete oder andere Randgruppen** in der Gesellschaft mit Sammelaktionen oder aktiver Unterstützung je nach Alter ansteigend in der Selbstverantwortung
- **Anregung zu einer Berufswahl** unter Berücksichtigung individueller Talente mit Blick auf den Nutzen für die Gemeinschaft/Gesellschaft

7.5 Einschränkung von Konsum und Ressourcenverschwendung

In thematisch unmittelbarer Nähe zur sozialen Verantwortung liegt heutzutage die globale Verantwortung jedes Einzelnen für die Rettung unseres Klimas. Zum Glück ist das gesellschaftliche Bewusstsein in den letzten Jahren dafür gestiegen und hat schon entsprechenden Eingang in Familien- und Erziehungseinrichtungen gefunden. So können schon von klein auf die familiären Vorbilder der Wiederverwertung, des Weitergebens von Spielzeug und Kleidung, Gestaltung von Fahrwegen ohne größere CO_2-Belastung usw. dazu beitragen, **Verschwendung von Ressourcen Einhalt zu gebieten und von Anfang an Sparsamkeit zu trainieren.** Aber auch die Erziehenden und Verwaltenden in den Einrichtungen sind gefragt, Einsparungen und Veränderungen in diese Richtung vorzunehmen und sie gegenüber den Kindern und Jugendlichen zu vertreten. Das schließt natürlich die Felder der biologischen Ernährung wie des Gesamtkonsums aller Erziehungspartner mit ein, ohne hier dogmatisch und ausgrenzend zu sein. Aber nur über dieses **beständige Vorleben im Alltag von Schule und Elternhaus von früh an können wir das Bewusstsein für die Erhaltung der Schöpfung** mit dem dafür notwendigen Selbstverzicht fördern.

Folgende Eckpunkte halten wir in diesem Zusammenhang für bedeutsam:

- Altersgerechte konkrete Hinweise, **Informationen und darauf abgestimmte Unterrichtsinhalte bzw. thematisch ausgerichtete Projekte auf Umweltverträglichkeit im Alltag fördern** und situationsgerecht einbauen
- **Eigenes Vorleben mit entsprechenden Anregungen in den verschiedensten Bereichen und Projekten** wie Nutzung von Fahrrad und öffentlichem Nahverkehr, wenn möglich Bioprodukte, Bevorzugung von vegetarischen Produkten, Nutzung von Flohmärkten, Recycling, Konsumeinschränkung, Pflege der Umgebung bzw. der Natur, nachhaltiges Reisen, bewusste Energienutzung usw.

7.6 Altersgerechter Umgang und Nutzung von Medien und Informationen zu anderen Abhängigkeiten

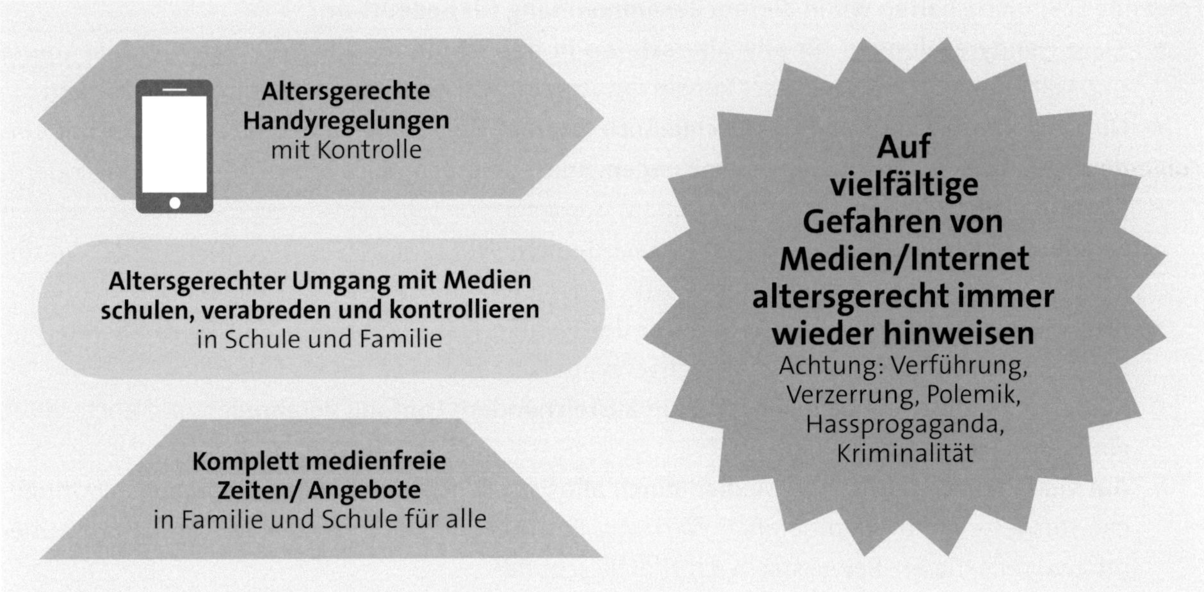

Sicher ist heute der alters- und sachgerechte Umgang mit Medien Teil von Unterricht und Erziehung im Schulalltag. Er ist aber doch noch ein junger, in vielen Facetten weiterzuentwickelnder Baustein für alle Erziehenden. Deshalb ist hier ein intensiver Dialog der Erziehungspartner*innen im Hinblick auf **grundlegende Überlegungen zum medialen Umgang mit entsprechenden altersgerechten, aktuellen Feinabstimmungen unbedingt erforderlich.** Das hilft möglicherweise beiden Seiten, sich über Gefahren, Werte und Möglichkeiten Klarheit zu verschaffen, die die persönliche Haltung in der Erziehung bestimmen.

So gehört dieses Thema – orientiert an den entsprechenden Altersstufen – unbedingt auf die Agenda von Elternversammlungen und Elterngremien genauso wie in Kollegien und Erzieher*innenteams, die daraufhin jeweils angemessene Erziehungs- und Unterrichtsthemen aktuell in den Blick nehmen sollten. Es empfiehlt sich in diesem Rahmen außerdem sehr, ergänzend eine thematisch passende Expertise einzuholen, um auf die Beeinflussung von Meinungstrends, Gefahren der Anonymität und des Cybermobbings, Datenmissbrauch, Cyberkriminalität, Fehlinformationen (Fake News) und Manipulationen aller Art altersgerecht aufmerksam zu machen. Damit verbunden sind jeweils **Entscheidungen zum angemessenen Umgang bezüglich der Inhalte, aber auch Vereinbarungen über Zeitpunkte und Dauer der Nutzung.** Gerade vor dem Hintergrund der hohen Verführungs- und Spaßkomponente in passiver Form mit starker Bindung der Aufmerksamkeit, sollte über eine altersangemessene Kontrolle in Familie und Schule kritisch reflektiert und entschieden werden. Insbesondere die starke Gefährdung jüngerer Kinder ist zu berücksichtigen und sollte zu engen Grenzsetzungen führen. Denn die daraus **resultierende Beschneidung ihrer Bewegungs- und sozialen Begegnungszeit kann besonders ungünstige Entwicklungsprobleme nach sich ziehen,** insbesondere Konzentrations- und Aufmerksamkeitsstörungen, die das Lernen deutlich erschweren.

Bei älteren Kindern sollte neben den Gefahren von Selbstdarstellung in sozialen Medien und Datingportalen unbedingt auf die **Suchtwirkung von Medien und medialen Spielformen** eingegangen werden. Hier sind wie bei allen Suchtproblematiken wie Alkohol, Nikotin und anderen Drogen unbedingt **Experte*innen von außen ggf. mit Betroffenen hilfreich und notwendig.** Diese können in gezielter und intensiver Weise über diese Gefahren aufklären und abseits des Unterrichts mit den Jugendlichen entsprechende Gesprächsforen im notwendigen Umfang ohne den Lehrkörper anleiten.

Folgende Eckpunkte halten wir in diesem Zusammenhang für bedeutsam:

- **Klare Handyregelungen für alle Altersstufen in der Schule für alle Beteiligten,** transparente und klare Kommunikation dieser Regeln mit Angabe von Konsequenzen bei Übertretungen
- **Nutzung von Tablets und PCs einschließlich Internet für Schüler*innen altersgerecht mit eindeutigen Zeit- und Nutzungsanweisungen** und entsprechender Kontrolle und Konsequenz, Sperrung gefährdender Seiten
- **Schulung in Recherchen im Internet zu Sachthemen,** Nutzung von Lernprogrammen als Unterrichtsthemen, Übungssequenzen mit Tablet trainieren und zentral kontrollieren,
- **Altersgerechter Umgang mit Medien in der Familie fest verabreden und kontrollieren**, ggf. sanktionieren, mögliche Hilfen für sachgerechte Nutzung
- **Komplett medienfreie Familienzeiten in ausreichendem Umfang verabred**en und auch selbst einhalten und vorleben
- **Auf vielfältige Gefahren von Medien durch alle Erziehenden aufmerksam machen**, eindringliche Hinweise auf diskreditierende Werbung, Polemik und Hasspropaganda, darüber diskutieren und reflektieren, Bewusstsein dafür aktiv schaffen
- **Als Gegenpol immer wieder alternative, verschiedenartige und attraktive gesunde Freizeitangebote in Schule und Familie (Gemeinde, Verein) anbieten und empfehlen**

7.7 Aufbau von Resilienz und eigener Zurückhaltung in Krisenzeiten

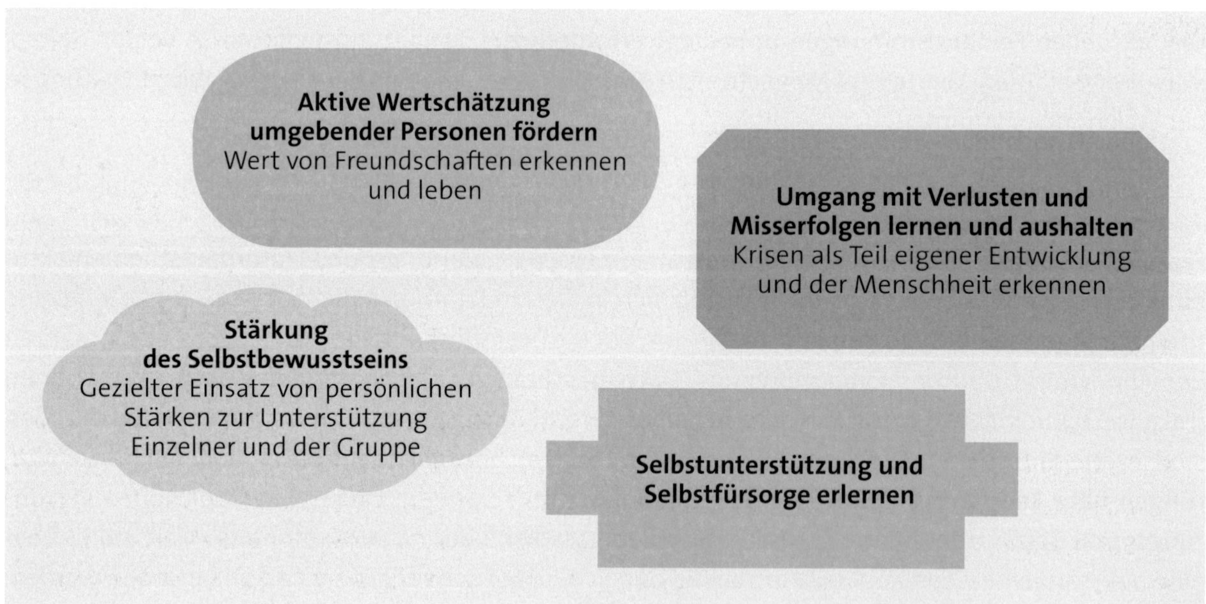

Gerade die Coronapandemie mit ihren weitreichenden Konsequenzen für unseren Umgang miteinander, gefolgt von den überregionalen Unruhen und immer begleitet von den Klimaveränderungen machen uns mehr und mehr deutlich, dass auch und besonders im Erziehungsbereich neue Schwerpunkte gesetzt werden müssen. Denn Kinder und Jugendliche spüren die atmosphärischen Veränderungen und Verunsicherungen der Erwachsenenwelt, die für sie als sich orientierende, suchende Jüngere vielfach verwirrend oder gar beängstigend erscheinen, sind sie doch noch viel stärker von funktionierenden Strukturen und Bezügen abhängig.

So benötigen sie stärkende Bezüge in Familie und Schule, die sie auffangen, ihre Verunsicherungen ernst nehmen und ihnen Wege der Verarbeitung aufzeigen. Wichtig sind hier vor allem feste Gemeinschaften mit einem betont wertschätzenden Klima, in denen sie Akzeptanz und Räume der Zuwendung und Entfaltung finden. Das können Schulklassen, Sportgruppen, Orchester, Peergruppen in Gemeinden und Vereinen sein wie natürlich insbesondere **familiäre Gemeinschaften** mit herzlicher Zuwendung und konsequenter Führung. Möchte man diese Bedingungen vor dem Hintergrund des Bewusstseins im Hinblick auf Resilienz in aktuellen Problemfeldern absichern, setzt das freie Ressourcen mit entsprechender finanzieller Unterstützung voraus. Wie die Resilienzforschung immer wieder belegt, braucht es für diese Ausrichtung in der Entwicklung immer wieder altersgerechte Reize, also Herausforderungen, die durch selbstständiges, oft beharrliches und innovatives Erproben gemeistert werden. Dabei ist es wichtig, sich durch Misserfolge nicht entmutigen zu lassen, sondern immer wieder neue Wege auszuprobieren. Das setzt erzieherisch voraus, Kindern und Jugendlichen viele Möglichkeiten zu geben, ihre Fähigkeiten vor allem selbstständig erproben zu können und sie dabei motivational und aufbauend zu begleiten. Kontraproduktiv ist unbedingt das Abnehmen dieser Schwierigkeiten und Hürden durch die Erwachsenen, wozu manche Erziehende heute durchaus neigen. Vielmehr sollten Erziehende darauf hinwirken, dass Kinder eigene Stärken erkennen, diese nutzen und ausbauen und sich in Krisenzeiten immer wieder selbst unterstützen lernen, um neue (Aus-) Wege zu finden. Dazu bedarf es einer inneren Freiheit und Sicherheit des Kindes, die die Bezugspersonen in funktionierenden Gemeinschaften vor allem durch Zuwendung und eine bewusst gesetzte Fehlerkultur erzeugen können. Dies herzustellen – also verkraftbare, förderliche Umgebungsbedingungen in Familie und Schulen – sollte oberste Priorität haben, um unsere Kinder auf Krisenzeiten nachhaltig vorzubereiten.

Folgende Eckpunkte halten wir in diesem Zusammenhang für bedeutsam:

- **Pflege von Gemeinschaft mit Akzeptanz und Wertschätzung jedes einzelnen ohne Ausgrenzung**, also mit festem Wertekanon und bekanntem Regelwerk, das konsequent durchgesetzt wird
- **Stärkung des Selbstbewusstseins jeder einzelnen** Person und ihrer Rolle, ihren Eigenheiten, ihrer Persönlichkeit und ihrer Würde
- **Besonderer Wert von engen Freundschaften erkennen und pflegen**, diese sind in Krisenzeiten eine wichtige Resilienzquelle
- **Üben des Verlierens, also den Umgang mit Misserfolgen aushalten,** Trost und Stärkung geben, Entwicklung neuer Wege anregen, dadurch Akzeptanz eigener Schwächen lernen und das Bewusstsein für eigene Stärken ausbauen
- **Selbstunterstützung fördern, eigene Fortschritte benennen und würdigen,** Selbstempathie beim Verkraften von Unangenehmen, **Selbstfürsorge in schwierigen Zeiten lernen** z. B. durch Sport, Handwerkliches, Natur, Austausch mit unterstützendem Umfeld
- **besondere Kompetenzen und Talente für die Gruppe hilfreich einsetzen,** vormachen, unterstützen, z. B. als Konflikthelfer, Mathehelfer, Computerspezialisten, Spielen von Musikinstrumenten, Handwerkliches usw.
- **Wertschätzung der umgebenden Personen fördern,** differenziertes Feedback üben, bei besonderen Fortschritten entsprechende Würdigungen, Abschlüsse, Urkunden usw.
- **Krisen als Teil der Menschheitsentwicklung annehmen, mit Einschränkungen und persönlichem Verzicht leben lernen**, trotzdem eigene Strukturen und **Ziele im Rahmen der Möglichkeiten setzen, diese positiv und mit Motivation angehen**
- **Zeiten der Traurigkeit und Enttäuschung, des Verlustes und Verzichts annehmen,** dafür Räume geben und sie zulassen

8 PRAKTISCHE MÖGLICHKEITEN VON GRÜNDLICHEN ELTERNBERATUNGEN

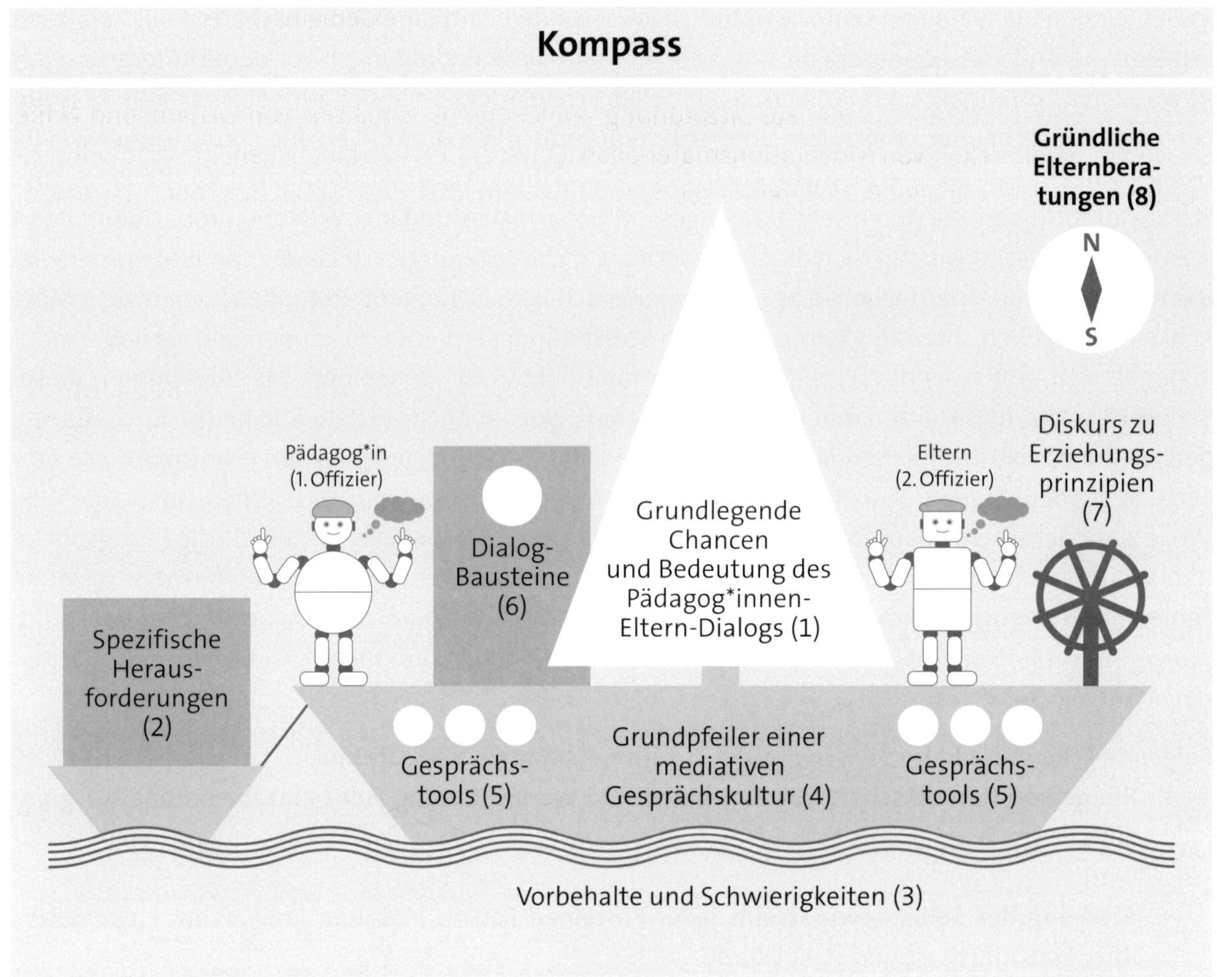

Nach der Diskussion aktueller Erziehungsthemen, die in Elterngesprächen vielfach als Schwerpunkt oder im Hintergrund eine Rolle spielen, geht es in diesem Kapitel um ganz praktische Gesprächsstrukturen im mediativen Sinn für verschiedene Ausgangsbedingungen.

Zunächst stellen wir Ihnen Leitfäden für Elterngespräche ohne direkte Beteiligung der Kinder vor, und zwar einmal ausgehend vom Wunsch der Eltern mit Sorgen (Kap. 8.1), anschließend ausgehend von Auffälligkeiten des Kindes, die von den Pädagog*innen zu Gesprächsbedarf führen (Kap. 8.2). Nach einer Diskussion über die Aspekte zur Einbeziehung der betroffenen Kinder in das Gespräch (Kap. 8.3) erläutern wir Ihnen unseren Leitfaden für regelmäßige Entwicklungsgespräche mit Beteiligung der Kinder (Kap. 8.4). Das Kapitel endet mit Hinweisen zu wiederkehrenden Gesprächsanlässen wie Elternsprechtagen oder Schullaufbahnberatung (Kap. 8.5).

Für alle genannten Gesprächssituationen ist eine zielgenaue und atmosphärisch stimmige Vorbereitung von entscheidender Bedeutung. Sie beinhaltet neben einer wertschätzenden Einladung (vgl. Kap. 5.2) einen verbindlichen Einstieg für das Herstellen einer kooperativen Grundlage. In diesem Zusammenhang möchten wir betonen, dass die Pädagog*innen die **volle professionelle Verantwortung** für den Rahmen, die Struktur, den Verlauf und den Inhalt tragen und in keiner Phase aus der Hand geben sollten.

Selbstverständlich gehört zu einer professionellen inhaltlichen Vorbereitung das Bereithalten aller notwendigen Unterlagen (z. B. Leistungsstände, Schüler*innenmaterialien, Mitarbeitsnoten) und das Fokussieren (ggf. schriftlich) auf die zentralen Gesprächsthemen und -ziele. Zu beachten ist zudem eine ausreichende **eigene Erholungspause zwischen Unterricht und Gesprächsbeginn,** um eine professionell distanzierte Grundeinstellung möglichst ohne persönliche Vorbehalte zu schaffen.

Sehr hilfreich für diese Gespräche sind ein einladendes, störungsfreies Ambiente mit entsprechendem Zeitfenster, eine geeignete Sitzordnung (angenehmes Verhältnis von Distanz und Nähe) sowie das Bereitstellen von Moderationsmaterialien. Einen äußerst verbindlichen Effekt hat eine zugewandte Begrüßung aller Beteiligten, verbunden mit einem öffnenden Small Talk sowie der Ankündigung des zeitlichen Rahmens.

8.1 Mediative Beratung bei Elternsorgen

Neben den regelmäßigen Entwicklungsgesprächen (Kap. 8.4) ist die mediative Beratung bei Elternsorgen ein Kernelement des Dialogs der Erziehungspartnerschaft. Insbesondere für wichtige Anlässe in Lern- bzw. Erziehungsfragen bestimmt diese die beiderseitigen Grundlagen in den angesprochenen Themen unter den genannten mediativen Blickpunkten (vgl. Kap 4). Dabei ist hier von vornherein von einer gewissen Offenheit und damit Kooperationsbereitschaft der Elternseite auszugehen, die sich pädagogische bzw. fachliche Unterstützung erhoffen. Davon kann bei einer Einladung von Pädagog*innenseite aus nicht im gleichen Maß ausgegangen werden (Kap. 8.2).

Um die nachfolgenden Gesprächsleitfäden passgenau für ihr spezielles Schulklientel anwenden zu können, ist es wichtig, dass Sie diese für das entsprechende Sprachniveau und die verständliche Umgangsweise ihres Gegenübers modifizieren. Grundsätzlich sollten Sie darauf achten, dass diese von Ihnen gewählten Formulierungen auch Ihnen persönlich entsprechen. Insofern sind **alle hier verwendeten Beispielsätze als sprachliche Angebote zu verstehen.** Allerdings halten wir es für unbedingt zielführend, die angebotenen Leitfäden **in ihrer mediativen Struktur zu belassen**, um die Beratung zu einer gemeinsam tragenden Kooperation führen zu können. Da es gerade bei Elternsorgen als Ausgangspunkt des Gesprächs um nötige Veränderungen gehen wird, bleibt zu berücksichtigen, dass dieser Prozess der modifizierten Herangehensweise für alle Seiten ein Umdenken erfordert und damit u. U. eine Hürde bzw. ein Wagnis darstellen könnte, das Zeit und Kraft erfordert (vgl. Beier 2011, S. 11f). Innerhalb der Gesprächsleitfäden werden Ihnen deshalb verschiedene **Frage- und Beratungsalternativen** angeboten, unter denen Sie die jeweils passenden auswählen sollten, um auf die konkrete Situation mit dem spezifischen Verhalten zielgenau eingehen zu können. Wichtig ist in jedem Fall **eine Abrundung des Gesprächs über ein gemeinsames Feedback** mit einer entsprechenden Verabredung.

Vorstellen möchten wir Ihnen zwei Beratungsleitfäden für Elternsorgen, zunächst im Rahmen des sozialen Miteinanders und danach bezüglich des Lernverhaltens des Kindes.

Zur Selbstreflexion im Vorfeld sind als Vorbereitung auf das Gespräch folgende Fragestellungen unterstützend und zielführend:

- Wie erlebe ich das Kind in der Klasse im Hinblick auf die Problematik?
- Welche Auslöser und Zusammenhänge bzgl. des Problems habe ich bisher wahrgenommen bzw. sind vorstellbar?
- Gab es bereits unterstützende Interventionen?
- Welche Rollen spielen diesbezüglich die Eltern bzw. bestimmte Schüler*innen?
- Was könnte ich Hilfreiches vorschlagen oder anbieten?

Beratungsleitfaden zu Elternsorgen im sozialen Miteinander

Konkrete Elternsorge: Mein Kind wird oft geärgert und geht nicht mehr so gerne wie früher in die Schule.

0. Gesprächsatmosphäre gestalten

Lob/Bestärkung: Gut, dass Sie mit dem Problem zu mir kommen.
Prinzipien: Mir ist wichtig, dass Ihr Kind sich in der Schule wohlfühlt und gut lernen kann.
Zielsetzung: Ich hoffe, dass wir hierfür heute gemeinsam einen guten Weg finden.
Zeitrahmen: Wir haben jetzt 45 min. Zeit für unseren Austausch.

1. Elternperspektive aufnehmen

Aktives Zuhören und Spiegeln: Ich merke, dass Sie das Problem mit Ihrem Kind beschäftigt und beunruhigt. Erzählen Sie bitte, woran sich das Problem festmacht!
Spezifizieren: Was genau erzählt Ihr Kind? Was beobachten Sie konkret?
Betroffenheit: Wie erleben Sie es zu Hause? Wie fühlt sich Ihr Kind damit?

- **Mögliche Selbstreflexion im Hintergrund:** Wie sind die Zusammenhänge für das Problem? Welche Anteile könnten sich auf die Klasse bzw. die Mitschüler beziehen? Welche Auslöser liegen ggf. in der Familie oder in schulischen Maßnahmen? Wie könnten die Beteiligten auf das Problem einwirken? An welcher Stelle möchte ich rückfragen oder intervenieren?

2. Mögliche Beratungsimpulse

Wertschätzung: Ich schätze an Ihrem Kind ... (Mitarbeit, Motivation, Sozialverhalten)
Unsere Beobachtungen: Ihr Kind ist immer sehr hilfsbereit ... Ihr Kind hat öfter Schwierigkeiten, sich in den Gruppenprozess einzuordnen, was zu Konflikten mit den Mitschüler*innen führt ...
Unsere Möglichkeiten: Wir können hier gezielte pädagogische Gespräche anbieten.
Ich könnte mir zusätzlich noch Folgendes vorstellen: Dass wir im Rahmen des sozialen Lernens auf diesen Aspekt allgemein noch intensiver eingehen.
Pädagogische Schwerpunkte: Uns ist es wichtig, dass hier ein respektvolles Miteinander herrscht und jede Person ihren Platz hat, sich aber auch an die Regeln hält.

3. Lösungswege abstimmen

Ihre Vorstellungen/Möglichkeiten: Nachdem Sie nun unsere Möglichkeiten gehört haben, würde ich gerne von Ihrer Seite erfahren: Welche Wege der Unterstützung könnten Sie sich konkret zu Hause vorstellen?
Kooperationswege abstimmen: Folgende Vorschläge von beiden Seiten liegen jetzt auf dem Tisch: ... Was können wir nun konkret verabreden?
Nachfrage: Sind die abgestimmten Wege für Sie jetzt so vollständig?
(Falls nur unvollständige Angebote vorliegen, dann Ergänzung durch: **Unsere Bitte an Sie:** Stärken Sie Ihr Kind zu Hause auf folgende Weise ...)
(Falls überzogene Erwartungen an die Einrichtung gestellt werden, dann **eigene Grenzen aufzeigen:** Leider enden unsere schulischen Möglichkeiten an dieser Stelle.)

4. Vereinbarungen dokumentieren

Verantwortungsvereinbarung
Kernbeobachtung: Kind wird geärgert, fühlt sich nicht mehr so wohl in der Klasse
Hauptziel: (Lernaufgaben / Förderaufgaben)

Wir (unser Team) achten auf, fördern durch ...
Ihr Kind bekommt die Aufgabe ...
Eltern unterstützen durch ...
Möglicher Folgetermin: ...

5. Rückmeldung erbitten

War das Gespräch so hilfreich für Sie?

Mediative Beratung bei Elternsorgen

Elternsorge: „Mein Kind wird oft geärgert und geht nicht mehr so gerne wie früher in die Schule."

Atmosphäre gestalten

1. Elternperspektive aufnehmen
Aktives Zuhören und Spiegeln: Ich merke, dass ... Spezifizieren: Was erzählt Ihr Kind?

2. Erhellung der Elternperspektive
Betroffenheit: Wie erleben Sie es zu Hause? Wie fühlt sich Ihr Kind damit?

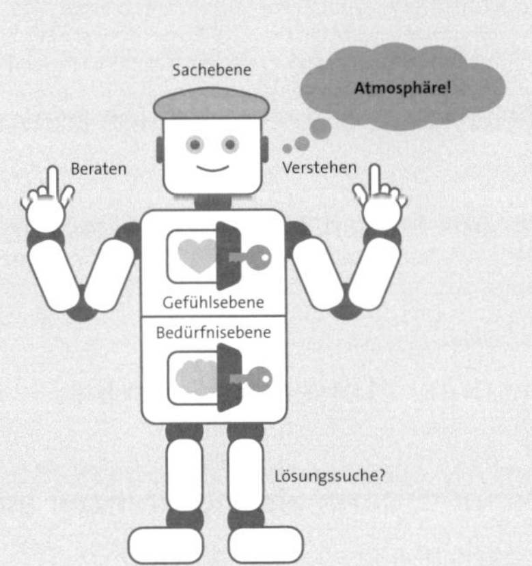

2.a Mögliche Beratungsimpulse des*der Pädagogen*in
Wertschätzung: Ich schätze an Ihrem Kind ...
Unsere Beobachtungen: Ihr Kind ist immer sehr hilfsbereit ...
Unsere Möglichkeiten: Wir können hier gezielte Gespräche anbieten ... Ich könnte mir noch Folgendes vorstellen ...
Pädagogische Schwerpunkte: Uns ist es wichtig, dass ...

3. Gemeinsame Lösungssuche
Kooperationswege abstimmen mit Nachfrage

4. Verantwortungsvereinbarung

Rückmeldung zum Gespräch

Beratungsleitfaden zu Elternsorgen im Lernverhalten
Konkrete Elternsorge: Mein Kind hat leistungsmäßig so nachgelassen!

0. Gesprächsatmosphäre gestalten

Lob/Bestärkung: Gut, dass Sie mit dem Problem zu mir kommen.
Prinzipien: Mir ist wichtig, dass Ihr Kind in der Schule gut lernen kann, motiviert bleibt und nicht überfordert wird.
Zielsetzung: Ich hoffe, dass wir hierfür heute gemeinsam einen guten Weg finden.
Zeitrahmen: Wir haben jetzt 45 min. Zeit für unseren Austausch.

1. Elternperspektive aufnehmen

Aktives Zuhören und Spiegeln: Ich merke, dass Sie das Problem mit Ihrem Kind beschäftigt und beunruhigt. Erzählen Sie bitte, woran sich das Problem festmacht!
Spezifizieren: Was genau erzählt Ihr Kind? Was beobachten Sie konkret?
Betroffenheit: Wie erleben Sie es zu Hause? Wie fühlt sich Ihr Kind damit?

- **Mögliche Selbstreflexion im Hintergrund:** Wie sind die Zusammenhänge bei dem Problem? Welche Anteile könnten sich auf die Klasse bzw. die Mitschüler*innen beziehen? Welche Auslöser liegen ggf. in der Familie oder in schulischen Maßnahmen? Wie könnten die Beteiligten auf das Problem einwirken? An welcher Stelle möchte ich rückfragen oder intervenieren?

2. Mögliche Beratungsimpulse

Wertschätzung: Ich schätze an Ihrem Kind ... (Interesse am Unterrichtsstoff, soziale Kompetenz)
Unsere Beobachtungen: Ihr Kind zeigt nach wie vor eine gute mündliche Mitarbeit ... Ihr Kind hat jedoch aktuell Probleme mit ... und traut sich hier zu wenig zu.
Unsere Möglichkeiten: Wir können hier sich langsam steigernde Aufgabenstellungen im Rahmen des Förderunterrichts anbieten oder ihm einen Schüler*innentutor bzw. eine Schüler*innentutorin an die Seite stellen für zusätzliche Übungen, die Sie zu Hause unterstützen.
Ich könnte mir zusätzlich noch Folgendes vorstellen: Ein unterstützendes Gespräch von meiner Seite ...
Pädagogische Schwerpunkte: Uns ist es wichtig, dass hier jede und jeder individuell nach eigenen Möglichkeiten gefördert wird und dabei die Lernmotivation erhalten wird.

3. Lösungswege abstimmen

Ihre Vorstellungen/Möglichkeiten: Nachdem Sie nun unsere Möglichkeiten gehört haben, würde ich gerne von Ihrer Seite erfahren: Welche Wege der Unterstützung könnten Sie sich konkret zu Hause vorstellen?
Kooperationswege abstimmen: Folgende Vorschläge von beiden Seiten liegen jetzt auf dem Tisch :... Was können wir nun konkret verabreden?
Nachfrage: Sind die abgestimmten Wege für Sie jetzt so vollständig?
(Falls nur unvollständige Angebote vorliegen, dann Ergänzung durch: **Unsere Bitte an Sie:** Stärken Sie Ihr Kind zu Hause auf folgende Weise ...)
(Falls überzogene Erwartungen an die Einrichtung gestellt werden, dann **eigene Grenzen aufzeigen:** Leider enden unsere schulischen Möglichkeiten an dieser Stelle.)

4. Vereinbarungen dokumentieren

Verantwortungsvereinbarung
Kernbeobachtung: Kind hat leistungsmäßig nachgelassen!
Hauptziel: gezielte, sich steigernde Textaufgaben, die das Kind eigenständig bewältigt
Wir (unser Team) achten auf, fördern durch ...
Ihr Kind bekommt die Aufgabe ...
Eltern unterstützen durch ...
Möglicher Folgetermin: ...

5. Rückmeldung erbitten

War das Gespräch so hilfreich für Sie?
Beide Leitfäden setzen sich aus folgenden mediativen Grundelementen zusammen:

Nachdem die **Atmosphäre** kommunikativ gründlich vorbereitet ist, liegt der Schwerpunkt des Gesprächs zunächst auf den **Sorgen der Eltern**, ihrer Eindrücke zu Hause und ihrer Betroffenheit, die empathisch gespiegelt wird. Bereits während der Schilderung der Sichtweise von Elternseite mit deren Erfahrungen dazu können im Hintergrund bereits **Reflexionen des bzw. der Pädagog*in über die möglichen Zusammenhänge des Gesamtproblems** ablaufen. Über diese Erstanalyse kann die nachfolgende Struktur des Gespräches entsprechend gesetzt werden. Nach der gründlichen empathischen Annahme der Elternseite verbunden mit den entsprechenden inneren Reflexionsprozessen **schildert die Pädagog*innenseite ihre detaillierten Beobachtungen** bezüglich des angesprochenen Problems, verbunden mit möglichen pädagogischen Empfehlungen und Wegen der Förderung. Bevor nun tragende Verabredungen für die Zukunft miteinander getroffen werden können, ist es zuvor wichtig, die **Vorstellungen und Möglichkeiten der Elternseite hierzu auf der Grundlage der gemeinsamen Analyse zu hören.** Hierin liegt bereits eine große Chance unterstützender Kooperation zu Hause, denn die von Elternseite eingebrachten Ideen werden mit höherer Wahrscheinlichkeit auch tatsächlich unterstützt. In diesem offenen Dialog der Möglichkeiten im Rahmen der **Lösungssuche können nun konkrete Maßnahmen** weiter gemeinsam entwickelt werden. Bei nur unvollständigen Vorschlägen von Elternseite könnte hier von Pädagog*innenseite entsprechend ergänzt werden bzw. bei überzogenen Erwartungen an die Einrichtung bzw. die Pädagogin oder den Pädagogen halten wir es für angemessen, dass auch **entsprechende Grenzen** klar deutlich gemacht werden. Festgehalten werden die einvernehmlichen Absprachen schließlich in einer am besten verschriftlichten **Verantwortungsvereinbarung,** in der alle am Prozess Beteiligten – Eltern, Kind, Pädagog*innenteam – konkrete, für sie in einem abgestimmten Zeitrahmen realisierbare Unterstützungsaufgaben erhalten. Denn nur in der Kooperation aller kann letztlich das Optimum erreicht werden. Am Ende eines jeden Beratungsgesprächs sollte über aktives Nachfragen eine **Schlussreflexion** eingeleitet werden, die in einer freundlichen Verabschiedung mit einem möglichen Ausblick auf den nächsten verabredeten Anlass endet.

8.2 Mediative Beratung bei Auffälligkeiten des Kindes

Beim Gespräch ausgehend von Pädagog*innenseite **ergeben sich im Vorfeld möglicherweise Vorbehalte und Ängste, die auf den Gesprächsverlauf einwirken können** und deshalb von vornherein berücksichtigt werden sollten. So ist davon auszugehen, dass bei einigen Eltern eine gewisse Beunruhigung ausgelöst wird, die unter Umständen Erinnerungen an die eigene Schulzeit wachruft, möglicherweise verbunden mit dem unangenehmen Gefühl des Ausgeliefertseins. Auch von Pädagog*innenseite könnten Unsicherheitsgefühle mitschwingen, dass **mögliche professionelle Unzulänglichkeiten bzw. persönliche Schwächen aufgedeckt werden könnten.** Um diese Vorbehalte möglichst zu minimieren, ist deshalb eine darauf abgestimmte mediative Struktur mit sensiblem Einstieg, Klarheit und unbedingter Wertschätzung vor dem Hintergrund der professionellen Rolle unbedingt anzuraten. Hilfreich ist zudem eine positive Haltung mit der Annahme, dass beide Seiten in dem Prozess ihr Bestes geben zum Wohle des Kindes.

Vorstellen möchten wir Ihnen einen Beratungsleitfaden zu Auffälligkeiten eines Kindes bezüglich des Lern- oder Sozialverhaltens.

Das folgende Beispiel bezieht sich auf ein Kind, bei dem die Pädagogin bzw. der Pädagoge auffälliges **Nachlassen der mündlichen Mitarbeit und der Beteiligung am sozialen Miteinander im Klassenverband** festgestellt hat. Diese Entwicklung möchte sie bzw. er in einem Elterngespräch thematisieren.

Zur Selbstreflexion im Vorfeld sind als Vorbereitung auf das Gespräch folgende Fragestellungen unterstützend und zielführend:

- Was genau hat sich im Verhalten verändert?
- Welche Auslöser könnten dafür verantwortlich sein?
- Wie reagieren die Mitschüler*innen auf das veränderte Verhalten?
- Wie hat das Kind bisher auf Ansprache bzw. Unterstützung reagiert?
- Welche Rolle könnten diesbezüglich die Eltern und die Familie des Kindes spielen?
- Was könnte ich Hilfreiches vorschlagen /anbieten?

Beratungsleitfaden zu Auffälligkeiten des Kindes

0. Gesprächsatmosphäre gestalten

Dank: Danke, dass Sie meinem Gesprächswunsch nachgekommen sind.
Grund: Ich habe sie eingeladen, um mich mit Ihnen über Veränderungen, die ich bei Ihrem Kind wahrgenommen habe, auszutauschen.
Ziel: Ziel unseres Gesprächs ist es, gemeinsam einen Weg bzw. eine Lösung für die Situation Ihres Kindes zu finden.
Wertschätzung: Zuallererst möchte ich Ihnen sagen, dass ich an Ihrem Kind schätze, dass es (engagiert, hilfsbereit) ist.

1. Meine Beobachtungen

Unverändert **positiv/sicher** verhält sich ihr Kind bei ...
In folgenden Situationen beobachte ich **Veränderungen bzw. Verunsicherungen bzgl.** ...

2. Elternperspektive aufnehmen

Hinterfragen: Wie erleben Sie Ihr Kind zu Hause? Machen Sie ähnliche Beobachtungen?

3. Gemeinsame Analyse

Erhellen der Hintergründe: Was fehlt dem Kind und was braucht es zur Unterstützung?

4. Lösungsfindung

Elternvorschläge erfragen: Welche Wege wären für Sie vorstellbar bzw. umsetzbar?
Angebot: Mein Weg bzw. Angebot ist Folgendes ...
(**Grenzen:** Leider enden meine Möglichkeiten an dieser Stelle.)
Lösungsfindung: Wie stehen Sie dazu? Welche Verabredung wollen wir genau treffen?

5. Vereinbarungen dokumentieren

Verantwortungsvereinbarung: Kernbeobachtung, Hauptziel, Wir ..., Ihr Kind ..., Eltern ..., Folgetreffen

6. Rückmeldung einholen

War das Gespräch so für Sie hilfreich?

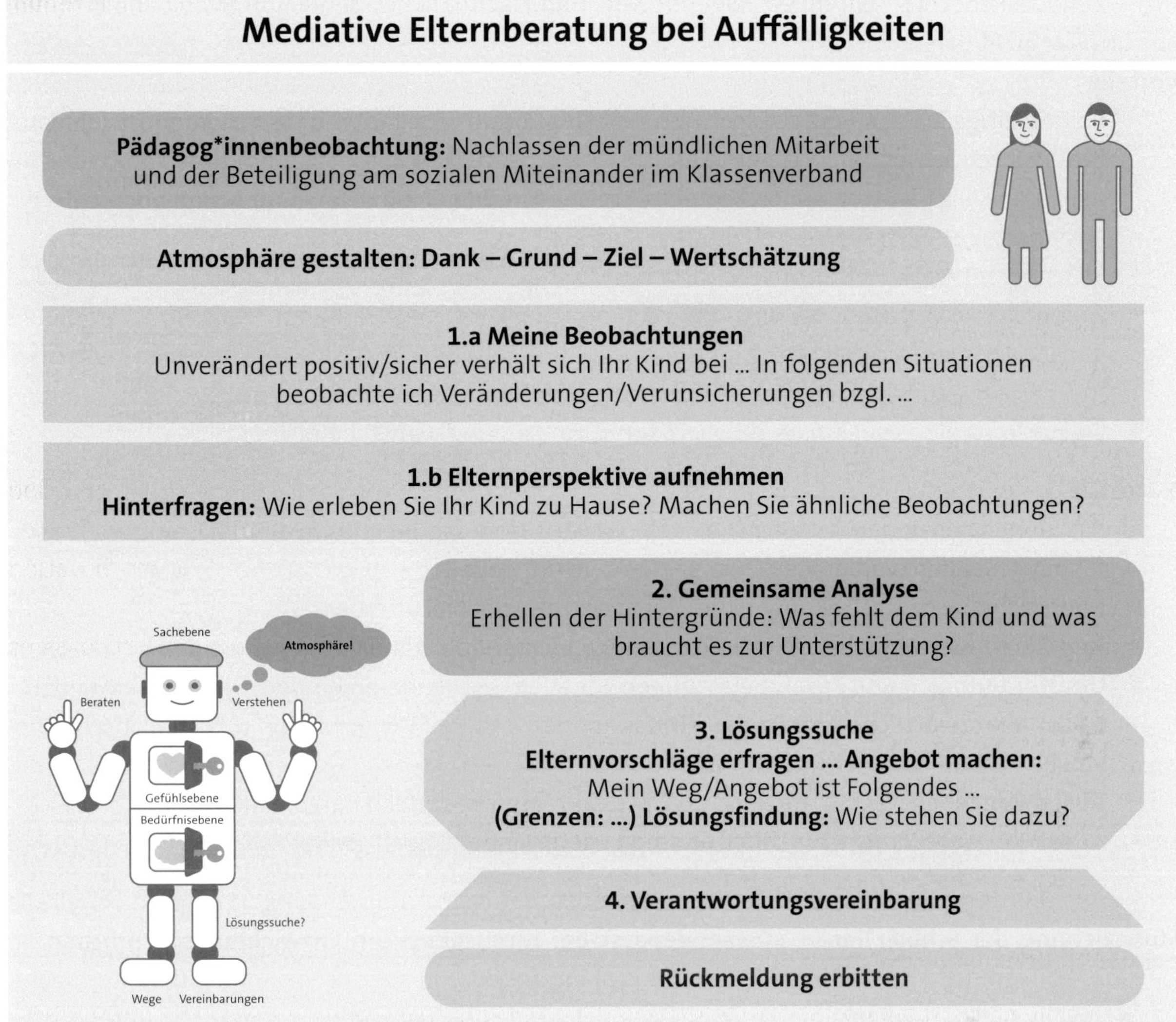

Entscheidend für einen konstruktiven Gesprächsverlauf ist ein **besonders sensibler Einstieg mit Angabe des Anlasses verbunden mit entsprechender Wertschätzung,** damit die möglicherweise mitschwingenden Vorbehalte und Ängste abgebaut werden können. Unterstützend dazu sind Hinweise auf positive Entwicklungsschritte, bevor der Blick auf die zentrale Problematik gelenkt wird. Dadurch wird der Fokus gezielt auf die gemeinsame Förderaufgabe mit entsprechenden analytischen Überlegungen ausgerichtet, um **kein negatives Gesamtbild einer Störung** entstehen zu lassen.

Nach Klärung des Hintergrundes ist es wichtig, zunächst die Vorstellungen der Elternseite aufzunehmen, um eine kooperative Haltung zu fördern. Wir empfehlen eine gemeinsame Schlussreflexion, um das Gespräch einzuordnen und Rückmeldungen für zukünftige Schritte zu erhalten.

8.3 Voraussetzungen und Möglichkeiten der Einbeziehung von Schüler*innen

Immer mehr üblich im Rahmen der Erziehung zur Selbstverantwortung ist die Beteiligung von Schüler*innen am Prozess der sogenannten Lernentwicklungsgespräche. In skandinavischen Ländern ist diese Form vielfach gängige Praxis (vgl. Jensen/Jensen 2016, S. 129ff) mit einem Altersbeginn, der jeweils vom Lehrerteam altersgerecht festgelegt wird.

Zunächst möchten wir Ihnen folgende Vor- und Nachteile der Beteiligung von Schüler*innen aus unserer Sicht darstellen:

Vorteile

- **Beiderseitige Transparenz** mit gleichem Informationsstand, dadurch Vermeidung von Interpretationsspielräumen und Heimlichkeiten – große Bedenken von 70 % der Sekundarschüler*innen, dass Dinge ausgeplaudert werden (vgl. Sacher 2019, S. 81)
- Gegenseitiges **Vertrauen** durch offenen Kontakt
- Selbstverantwortung ist durch Mitarbeit der Schüler*innen deutlich gestärkt
- Gemeinsame Verabredungen zu Lernaufgaben und künftigem Verhalten – von 66 % der Sekundarschüler*innen Kontakt bei Problemen durchaus gewünscht, 83 % wünschen sich gemeinsame Unterstützung von Eltern und Lehrkräften (vgl. Sacher 2019, S 81)
- Eigene Vorschläge der Kinder möglich, somit Umsetzung wahrscheinlicher

Nachteile

- Probleme können deutlicher und in differenzierteren Zusammenhängen von Erwachsenenseite angesprochen werden
- **Weitreichendere Zielstellungen** und Vorhaben leichter diskutierbar
- **Familiäre Belastungen** und Zusammenhänge können u. U. klarer benannt werden
- **Überforderungen und Zusatzbelastungen** vor allem bei kleineren Kindern werden vermieden
- **Selbstverantwortliche Anteile des Kindes** können von den Erwachsenen u. U. realistischer beurteilt werden
- **Ausgewogenheit** bei drei Parteien im Gespräch ist nicht einfach herzustellen
- Angst vor Aufdeckung bzw. Diffamierung gegenseitig ggf. noch größer

Aus unseren Erfahrungen in den verschiedensten Schulzusammenhängen empfehlen wir die **Einbeziehung der Schüler*innen altersangepasst bei turnusgemäßen Entwicklungsgesprächen.** In Gesprächszusammenhängen, in denen es um Auffälligkeiten und spezifische Sorgen der Eltern geht, ist es jeweils gut abzuwägen, ob die Teilnahme des Kindes hilfreich oder weniger zielführend bzw. sogar kontraproduktiv ist. Sollten Kinder üblicherweise im jeweiligen Schulrahmen grundsätzlich beteiligt sein, ist es notwendig, das Kind bei einer Nichtteilnahme vorher zu informieren und aufzuklären.

8.4 Lernentwicklungsgespräch

In der Regel stellt das Entwicklungsgespräch eine grundlegende Basis für die Lern- und Erziehungsarbeit dar. Es ermöglicht **bisher Erreichtes mit allen Beteiligten zu würdigen und stellt einen Ausgangspunkt für weitere Zielstellungen** und Wege für die Zukunft in Abstimmung miteinander dar.

Zudem bietet es eine gute Gelegenheit, aufgetretene Schwierigkeiten miteinander zu erörtern, Zusammenhänge aufzudecken und mögliche Veränderungen abzustimmen. Dabei ist bei der Steuerung des Gesprächs durch die Pädagogin bzw. den Pädagogen besonders wichtig, dass **alle gleichermaßen bzw. altersentsprechend am Prozess beteiligt werden**. Im Rahmen von Klassenleitungsstunden könnte man die Schüler*innen diesbezüglich auf ihre Rolle darin vorbereiten, indem man sie altersgerecht thematisiert und mit ihnen reflektiert.

Insbesondere **für die Gestaltung eines Entwicklungsgesprächs empfehlen wir Ihnen vorbereitend, Schwerpunkte bzw. Struktur in Form einer Selbstreflexion zu überdenken** und schriftlich zu fixieren. Damit auch die Eltern- und ggf. Schüler*innenseite sich entsprechend auf das Gespräch vorbereiten können, finden wir es zielführend, sie dazu anzuregen, sich auch mit den unten aufgeführten Punkten auseinanderzusetzen.

Folgende Fragestellungen und Impulse könnten dabei hilfreich sein:

- Was gelingt mir / unserem Kind / meiner Schülerin bzw. meinem Schüler jetzt besonders gut oder besser?
- Verbessern möchte ich mich in ... / In folgenden Bereichen bzw. Fächern sehen wir als Eltern noch Verbesserungspotenzial ... / In folgenden Bereichen bzw. Fächern sehe ich als Pädagog*in noch Verbesserungspotenzial ...
- Was braucht es, damit es in Zukunft besser funktioniert?
- Helfen würde mir ... / Wir könnten unser Kind folgendermaßen unterstützen ... / Ich könnte ihn/sie folgendermaßen unterstützen ...
- Folgendes möchte ich noch ansprechen ... / Folgendes möchten wir als Eltern noch ansprechen ... / Folgendes möchte ich als Pädagog*in noch ansprechen ...

Gesprächsleitfaden für ein Entwicklungsgespräch

0. Gesprächsatmosphäre gestalten

Bestärkung: Gut, dass wir uns heute in Ruhe über deine schulische Weiterentwicklung austauschen können.
Wunsch/Ziel: Ich wünsche mir, dass wir einen gemeinsamen, rundum förderlichen Weg finden (fortsetzen) können.
Wertschätzung des Kindes: Ich schätze an dir besonders ... Ich erlebe dich sehr positiv bei ...

1. Das Erreichte einschätzen und würdigen

1. a Elternperspektive erfragen und aufnehmen
Hinterfragen und Spezifizieren: Welche wesentlichen positiven Entwicklungsschritte haben Sie aus Ihrer Perspektive von zu Hause aus beobachtet? Wie haben Sie diese persönlich erlebt?
Zusammenfassendes Spiegeln: Sie haben wahrgenommen, dass sich *(Name)* in folgender Hinsicht deutlich weiterentwickelt hat:
1. b Schüler*innenperspektive erfragen und aufnehmen
Hinterfragen und Spezifizieren: Worin konntest du dich besonders verbessern? Hat dir etwas besonders gut gefallen? – Was fiel dir leicht?
Zusammenfassendes Spiegeln: Folgendes hast du nach deinem Eindruck besonders entwickeln können.
1. c Einschätzungen der Fortschritte durch den Pädagogen/die Pädagogin
Ich sehe besonders in folgenden Kompetenzen Fortschritte, die ich an diesen Punkten (ähnlich wie die Eltern oder der Schüler / die Schülerin, in folgenden Punkten anders) festmache ...
1. d Gemeinsames Würdigen des Erreichten
In den genannten Kompetenzen ist es also insgesamt gut vorangegangen. Daran haben alle Seiten ihren Anteil, was für uns alle sehr erfreulich ist.

2. Schwierigkeiten analysieren und aufarbeiten

2. a/b Eltern- und Schüler*innenperspektive zu Schwierigkeiten aufnehmen
Hinterfragen: Was genau hat noch nicht so gut funktioniert? Mit welchen Kompetenzen sind Sie / bist du noch nicht ganz zufrieden gewesen? Was war ausschlaggebend dafür? Was haben Sie / hast du für dich selbst als besonders schwierig bei deiner Arbeit zu Hause erlebt?
Empathisches Spiegeln: Ich höre, für dich / Sie war besonders schwierig, dass ...
2. c Einschätzungen der Schwierigkeiten durch den Pädagogen/die Pädagogin
Dir / Ihrem Kind gelingt es schon gut, ... Bei komplexeren Anforderungen allerdings ...

3. Gemeinsame Analyse

Eltern-/Schüler*innenbeobachtungen erfragen: Wie sehen und erleben Sie/du diese genannten Schwierigkeiten? Was braucht es zur Veränderung bzw. Unterstützung?

4. Lösungsfindung

Eltern-/Schüler*innenvorschläge aufnehmen: Welche Hilfen/Unterstützungen wären für Sie/dich hilfreich? Welche Wege wären für Sie/dich vorstellbar? Was ist Ihnen/dir für die nähere Zukunft noch besonders wichtig?
Angebot des Pädagogen/der Pädagogin: Mein Weg/Angebot wäre Folgendes unter Einbeziehung Ihrer/deiner Vorschläge und Wünsche ... Einen Erfolg würde ich an folgendem Ergebnis/Verhalten festmachen.
(**Grenzen aus schulischer Sicht:** Leider enden meine Möglichkeiten an dieser Stelle. Hier empfehle ich ggf. zusätzlich eine außerschulische Hilfe wie z. B. Ergotherapie ...)
Zusammenführung der Lösungsvorschläge: Wie stehen Sie / stehst du zu diesem vorgeschlagenen Weg? Fallen Ihnen/dir noch Ergänzungen ein?

5. Vereinbarungen dokumentieren

Verantwortungsvereinbarung: Kernbeobachtung, Hauptziel (in kurz und längerfristige Maßnahmen/Aufgaben, ggf. mit Terminierung Wir ..., Ihr Kind ..., Eltern ..., Folgetreffen)

6. Rückmeldung einholen

War das Gespräch so für Sie/dich hilfreich?

Entwicklungsgespräch ggfs. mit Schüler*in

Atmosphäre gestalten:
Bestärkung – Wunsch/Ziel – Wertschätzung des Kindes

1.1. Das Erreichte einschätzen und würdigen
1.a Elternperspektive erfragen und aufnehmen
1.b Schüler*innenperspektive erfragen und aufnehmen
1.c Einschätzungen der Fortschritte durch den Pädagogen/die Pädagogin
1.d Gemeinsames Würdigen des Erreichten

1.2. Schwierigkeiten analysieren und aufarbeiten
2.a/b Eltern- und Schülerperspektive zu Schwierigkeiten aufnehmen
2.c Einschätzungen der Schwierigkeiten durch den Pädagogen/die Pädagogin

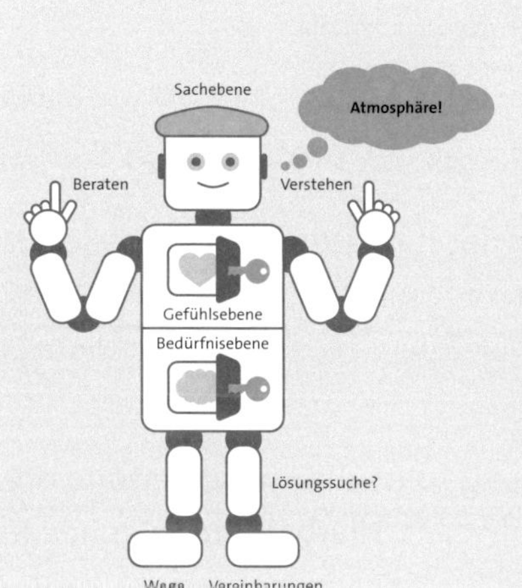

2. Gemeinsame Analyse
Eltern-/Schüler*innenbeobachtungen erfragen: Wie sehen und erleben Sie / erlebst d du diese genannten Schwierigkeiten? Was braucht es zur Veränderung bzw. Unterstützung?

3. Lösungsfindung
Eltern-/Schüler*innenvorschläge aufnehmen – Angebot des Pädagogen/der Pädagogin – Zusammenführung der Lösungsvorschläge

4. Verantwortungsvereinbarung

Rückmeldung erbitten

Neben der Gestaltung einer offenen Gesprächsatmosphäre mit einleitender Wertschätzung des Kindes ist für ein konstruktives und zukunftsweisendes Entwicklungsgespräch entscheidend, **die verschiedenen Perspektiven der Beteiligten mediativ zusammenzuführen.** Insbesondere bei der Aufarbeitung von Schwierigkeiten ist die gemeinsame Analyse entscheidend, um die zukünftigen Schritte zielgenau ansetzen und miteinander verabreden zu können. Um das Gespräch für alle abzurunden, ist eine Schlussreflexion mit gemeinsamer Auswertung, Ausblick und möglichen Ergänzungen sehr wichtig.

Ergänzend möchten wir Ihnen noch folgende ergänzende Fragemöglichkeiten anbieten, um variabel insbesondere in Entwicklungsgesprächen agieren zu können:

- **Veränderungsfrage:** Was hat sich geändert, seit dem letzten Termin?
- **Skalierung:** Ausmaß des Problems auf einer Skala von 0 bis 10 einschätzen
- **Ausnahme erfragen:** Wann ist das Problem nicht aufgetreten?
- **Strategiefrage:** Was müssten Sie tun, damit die Situation besser wird? Was heißt das konkret?
- **Systemische Fragen zum Familiensystem**: Wer leidet am meisten unter dem Problem? Was tut Ihre Partnerin bzw. Ihr Partner, wenn sich das Kind so verhält?
- **Zukunftsfrage:** Was muss heute hier passieren, damit Sie das Gespräch als erfolgreich werten?

- **Ressourcenorientierte Fragen:** Welche positiven Motivationen könnte es für die gezeigten Schwierigkeiten geben?
- **Wunderfrage:** Wenn das Problem über Nacht weg wäre, was wäre dann? Wer würde es als Erstes merken?

8.5 Unterstützende Impulse für wiederkehrende, bedeutsame Gesprächsanlässe

Nachdem Sie nun die ausführlichen Leitfäden für umfangreiche Beratungssituationen kennengelernt haben, möchten wir Ihnen für sich wiederholende Gesprächsanlässe strukturelle und inhaltliche Hinweise geben.

Gesprächsstruktur für Elternsprechtage

Folgende **Eckpunkte** halten wir im Zusammenhang mit kurzen Elternbegegnungen im Rahmen von Sprechtagen für zielführend:

- Wertschätzende Begrüßung zu Beginn mit positiver Eigenschaft des Kindes
- Nachfrage zur aktuellen Sicht der Eltern auf ihr Kind
- Meine Kernbeobachtungen in der Schule
- Gemeinsame Kurzanalyse auf Grundlage der Informationen
- Lösungsfindung mit Vereinbarungen: Mein Schwerpunkt in der nächsten Zeit .../ Ihr Schwerpunkt in der nächsten Zeit... / Darauf sollte Ihr Kind achten ...
- Dank für das Gespräch zum Schluss mit positivem Ausblick

Aspekte zur Schullaufbahnberatung und Berufsorientierung

Neben den offiziellen Gutachten zur Schullaufbahnempfehlung sollte die Klassenleitung offen sein für eine individuelle Beratung bezüglich des zukünftigen Schulweges. **Hierbei sind folgende Kriterien zu beachten:**

- Beratung von den Möglichkeiten und dem Potenzial des Kindes ausgehend
- Spezielle Wünsche und Neigungen des Kindes berücksichtigen insbesondere bei Anwesenheit des Kindes
- Hinweise zu möglichen Schwierigkeiten bei zu hohem Bildungsziel bzw. Ermunterung zu höheren Abschlüssen
- Informationen zu aktuellen Schulmöglichkeiten, dabei freie Wahl der Eltern / ggf. des Kindes betonen

Bei Unsicherheiten der Eltern und dem/der jeweiligen Schüler* in bezüglich der Berufsorientierung können Pädagog*innen unter Umständen wertvolle Hinweise zu Neigungen des Kindes bzw. differenzierten Ausbildungswegen geben.

9 UNANGENEHME MITTEILUNGEN UND KONSEQUENZEN MEDIATIV VERBINDLICH FORMULIEREN

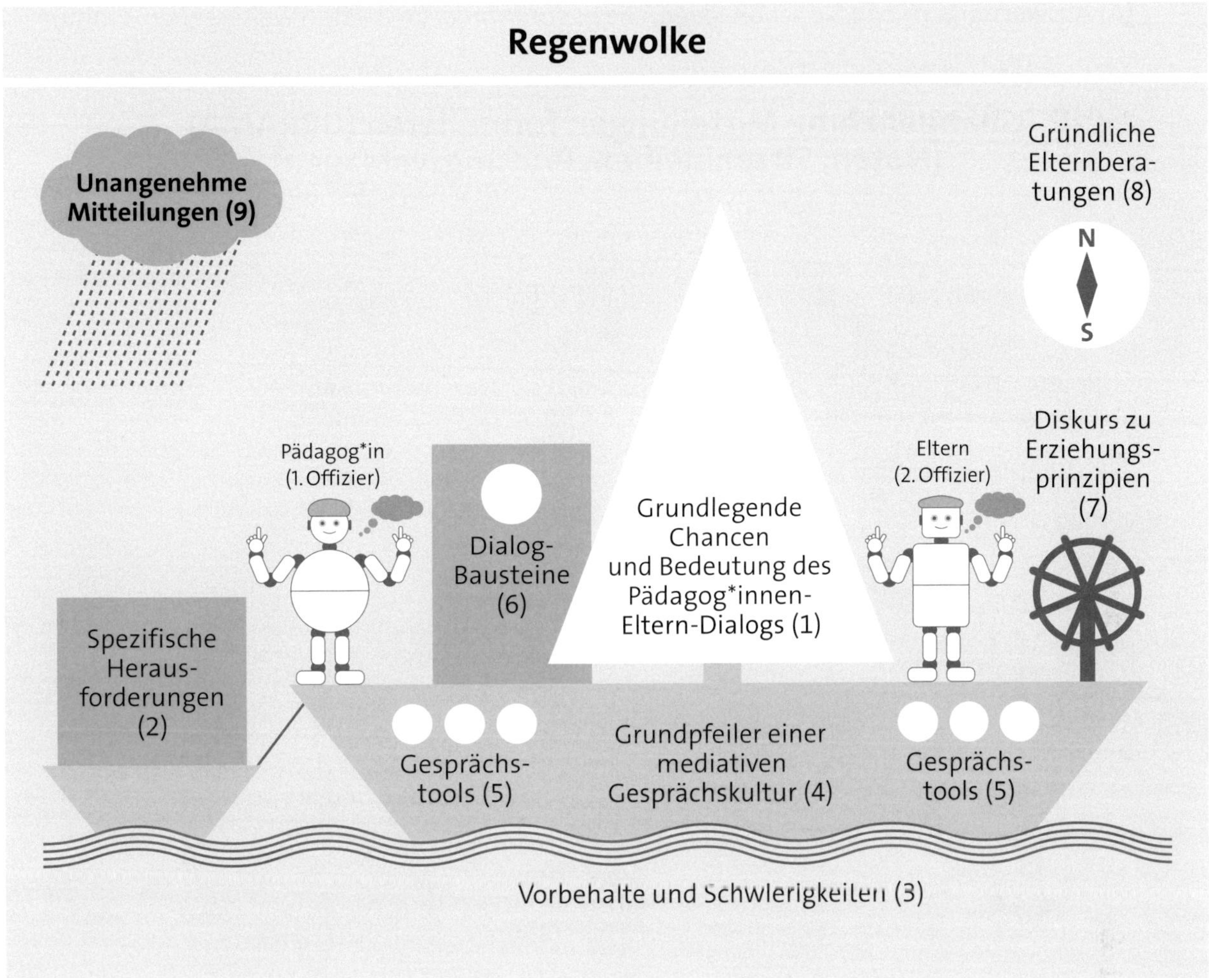

Im letzten Kapitel konnten Sie die mediativen Beratungsmöglichkeiten in ausführlichen Elterngesprächen kennenlernen. Im Folgenden möchten wir Ihnen die deutlich schwierigere **Funktion des Mitteilens von unangenehmen Inhalten im Rahmen Ihrer pädagogischen Arbeit** näherbringen.

9.1 Nicht erbrachte Leistungen mitteilen (DRRAMA)

Zuerst stellen wir Ihnen am folgenden Beispiel vor, wie Sie Eltern **nicht erbrachte Leistungen** Ihres Kindes in mediativer Form mitteilen können.

Beispiel: Sie haben die Aufgabe, Eltern ein nicht bestandenes Probehalbjahr mitzuteilen.

(D) Dank: Vielen Dank, dass Sie meine Einladung angenommen haben.

(R) Route: Ich möchte mit Ihnen über die Situation von *(Name)* sprechen und gemeinsam mit Ihnen Wege finden, die im Sinne Ihres Kindes beschritten werden könnten.

(R) Realität: Aufgrund der Leistungen von *(Name)* hat sich herausgestellt, dass er/sie das Probehalbjahr (die Klassenstufe / die Prüfung) nicht geschafft hat.

(A) Anteilnahme: Ich bedauere dies ... / Es tut mir leid ..., weil ich seine/ihre Anstrengungen gesehen habe (ggf. ehrliche Wertschätzung anfügen). Wie geht es Ihnen jetzt damit?
(M) ggf. **Möglichkeit anbieten:** Wenn Sie möchten, werde ich Sie und Ihr Kind gerne dabei unterstützen, neue Wege zu finden.
(A) Auswertung: Haben Sie schon Ideen, wie es für *(Name)* am besten weitergehen könnte?

Unangenehme Mitteilungen formulieren (DRRAMA)
(Noten, Sitzenbleiben, Prüfungsversagen)

Atmosphäre gestalten
Dank: Vielen Dank, dass Sie meine Einladung angenommen haben.

Route: Ich möchte mit Ihnen über die Situation von (Name) sprechen und gemeinsam mit Ihnen Wege finden, die im Sinne Ihres Kindes beschritten werden könnten.
Realität: Aufgrund der Leistungen von (Name) hat sich herausgestellt, dass er/sie das Ziel (Klassenstufe, Prüfung ...) nicht erreicht hat

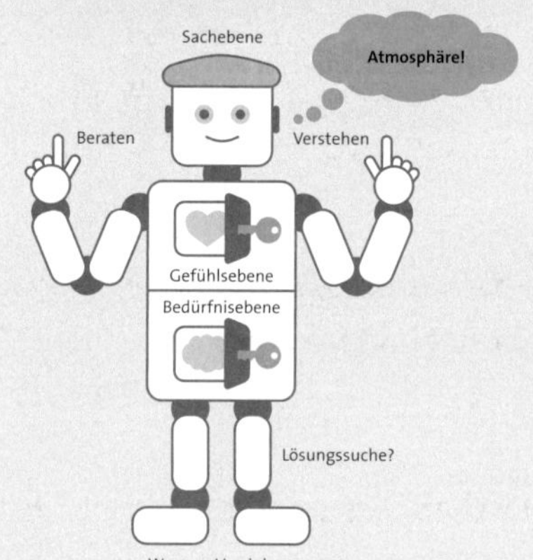

Anteilnahme: Ich bedauere es ... / Es tut mir leid ..., ... weil ich seine/ihre Anstrengungen gesehen habe (ggf. ehrliche Wertschätzung anfügen)

Möglichkeit anbieten: Wenn Sie möchten, werden ich Sie und Ihr Kind gerne dabei unterstützen, neue Wege zu finden.

Auswertung: Wie geht es Ihnen damit? Haben Sie schon Ideen, wie es für (Name) am besten weitergehen könnte?

Um im Rahmen schwieriger Mitteilungen (z.B. auch bei Nichtversetzung, Nichtbestehen von Prüfungen) eine vertrauensvolle, empathisch geprägte Atmosphäre zu schaffen, ist es empfehlenswert, mit einem entlastenden Small Talk bei der Begrüßung und mit einem sich anschließenden **Dank für die Bereitschaft zu beginnen.** Erst danach sollte der Gesprächsanlass in den Mittelpunkt gestellt werden. In diesem Zusammenhang ist es sinnvoll, die **Gründe für die Entscheidung fundiert darzulegen** (entsprechende Nachweise bereithalten). Dabei kann eine ehrliche persönliche Anteilnahme bzw. ein Bedauern für die Situation ausgedrückt werden, ggf. auch eine Wertschätzung für die geleisteten Bemühungen des Kindes. Mediativ wertvoll ist im Anschluss an diese Mitteilung die **Rückfrage nach dem Befinden des Gegenübers.** Je nach Situation und eigenen Ressourcen können Sie Ihre Unterstützung anbieten und danach mit einem Blick in die Zukunft das Gespräch abschließen.

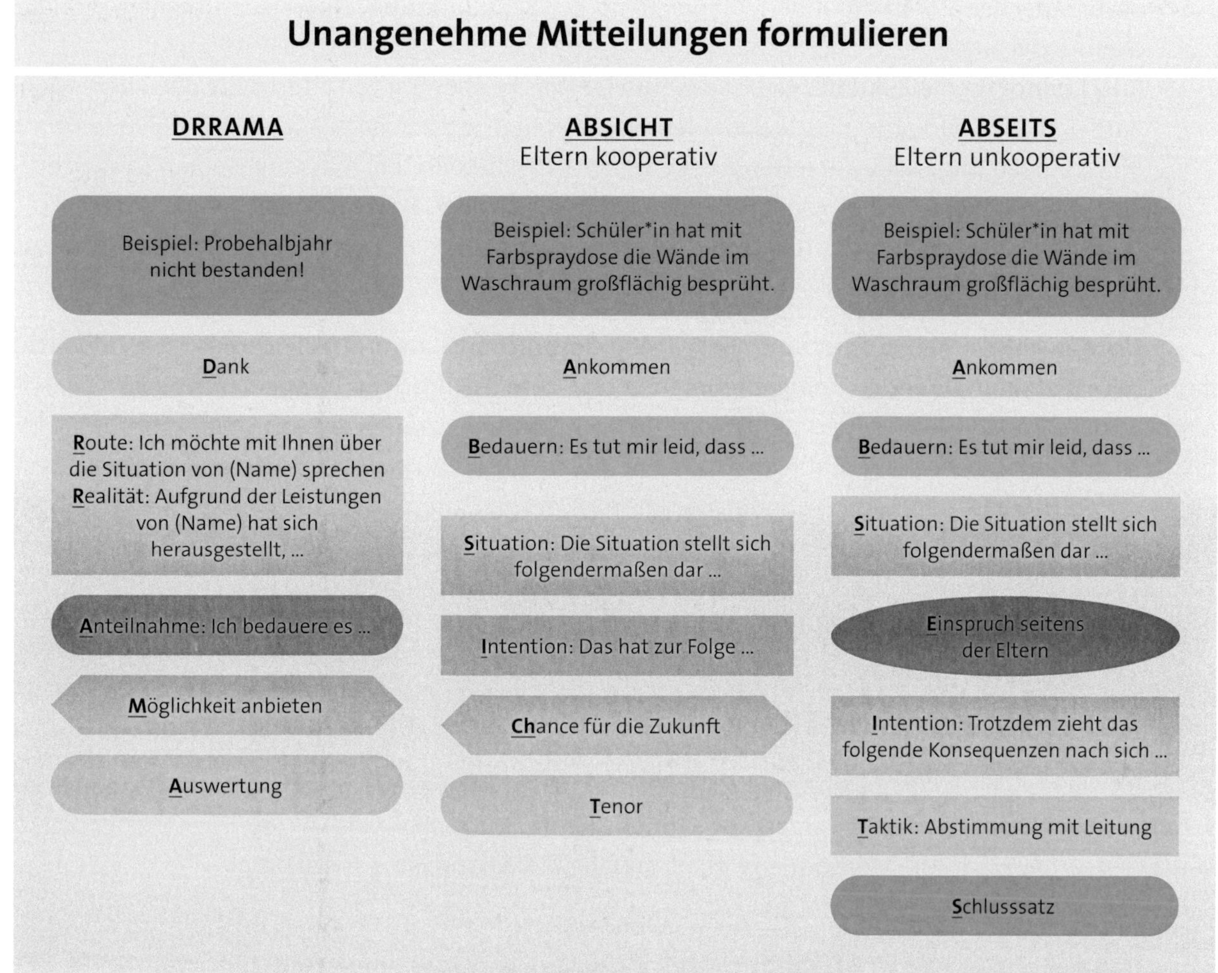

9.2 Grenzsetzungen bei groben Verstößen (ABSICHT)

Neben der Mitteilung zu leistungsmäßigen Problematiken möchten wir Ihnen hier eine weitere kommunikative Möglichkeit anbieten, die sich **mit groben Verstößen einzelner Schüler*innen gegen die soziale Ordnung** auseinandersetzt. Dabei ist zu berücksichtigen, dass die **Eltern im Vorfeld über den Sachverhalt in einer entsprechenden Einladung informiert worden sind.** Gegebenenfalls könnten die betreffenden Schüler*innen ebenfalls in dieses Gespräch einbezogen werden, was aber von den abgestimmten Verfahrensweisen der jeweiligen Schule abhängig ist. Je nach Schwere des Verstoßes könnten Kolleg*innen oder die Schulleitung das Gespräch unterstützend begleiten, was aber im Vorhinein unbedingt miteinander besprochen werden sollte.

Beispiel: Ein*e Schüler*in hat mit Farbspraydose die Wände im Waschraum großflächig besprüht.
(A) Ankommen: Gut, dass wir heute das Vorkommnis miteinander besprechen können.
(B) Bedauern: Es tut mir leid, dass ich Ihnen diese unangenehme Mitteilung machen muss.
(S) Situation: Die Situation stellt sich von Schulseite folgendermaßen dar: Ihr Kind wurde beim Besprühen der Wände im Waschraum von einigen Mitschülerinnen und Mitschülern sowie einer Lehrkraft beobachtet.
(I) Intention: Das hat zur Folge, dass die entsprechende Wand für ca. X Euro wiederhergestellt werden muss. Diese Kosten werden Sie als Eltern übernehmen müssen. Als weitere Konsequenz

dafür sprechen wir Ihrem Kind, entsprechend der Schulordnung, einen (schriftlichen/mündlichen) Tadel aus.

(CH) Chance für die Zukunft: Wie ist das für Sie? Was können Sie von Elternseite dazu beitragen, dass derartige Vorkommnisse vermieden werden? (ggf. je nach Sachlage: Von Schulseite könnten wir noch folgendes anbieten, z. B. Gespräche mit Beteiligten, Klassengespräch über Schulregeln, Mediation) Gibt es von Ihrer Seite noch etwas, was Sie noch besprechen möchten?

(T) Tenor: Gut, dass wir das hier miteinander geklärt haben. Ich hoffe, wir begegnen uns in Zukunft bei erfreulichen Anlässen wieder.

Um das Ankommen in einer solch belasteten Gesprächssituation zu erleichtern, ist es möglich, das eigene Bedauern über den unangenehmen Vorfall zum Ausdruck zu bringen. Im zweiten Schritt folgt die klare Darstellung des Vorfalls mit den notwendigen Konsequenzen von Schulseite für die Eltern und den entsprechenden Schüler bzw. die entsprechende Schülerin. Wir halten es im mediativen Sinne für zielführend, nach dem Befinden der Eltern zu fragen, um damit eine konstruktive Lösungsfindung zu ermöglichen. Diese könnte bei Bedarf durch Vorschläge von Schulseite ergänzt werden. Um diese unangenehme Mitteilung mit einem positiven Tenor zu beenden, ist es hilfreich für die weiteren Begegnungen, einen positiven Akzent zu setzen.

9.3 Auf unkooperatives Elternverhalten reagieren (ABSEITS)

Im nachfolgenden Beispiel verhalten sich die **Eltern gegenüber dem Sachverhalt bzw. den Konsequenzen von Schulseite unkooperativ bzw. uneinsichtig.** Möglicherweise akzeptieren Sie den Sachverhalt bzw. die Härte der Konsequenz nicht in vollem Umfang, was manchmal eine kooperative, sachliche Klärung stark beeinträchtigt.

Beispiel: Ein*e Schüler*in hat mit Farbspraydose die Wände im Waschraum großflächig besprüht. Die Eltern verhalten sich in dem Gespräch unkooperativ.

(A) Ankommen: Gut, dass wir heute das Vorkommnis miteinander besprechen können.

(B) Bedauern: Es tut mir leid, dass ich Ihnen diese unangenehme Mitteilung machen muss.

(S) Situation: Die Situation stellt sich von Schulseite folgendermaßen dar: Ihr Kind wurde beim Besprühen der Wände im Waschraum von einigen Mitschülerinnen und Mitschülern sowie einer Lehrkraft beobachtet.

(E) Einspruch seitens der Eltern: z. B. Die Mitschüler*innen haben ihn doch angestiftet. Oder: Mein Kind hat das ganz anders erzählt.

(I) Intention: Trotzdem zieht das folgende Konsequenz nach sich, dass die entsprechende Wand für ca. X Euro wiederhergestellt werden muss. Diese Kosten werden Sie als Eltern übernehmen müssen. Als weitere Konsequenz dafür sprechen wir Ihrem Kind, entsprechend der Schulordnung, einen (schriftlichen/mündlichen) Tadel aus.

(ggf. auch hier bezüglich der Konsequenzen Widerspruch seitens der Eltern)

(T) Taktik: Da wir in diesem Gespräch kein Einvernehmen erzielen, werde ich das weitere Vorgehen mit der Schulleitung abstimmen, worüber Sie dann informiert werden.

(S) Schlusssatz: Ich hoffe, dass wir auf diesem Wege zu einer Einigung kommen werden.

Die Einleitung des Gespräches ist zunächst entsprechend dem ersten Beispiel (ABSICHT) bis zum Einspruch seitens der Eltern. An dieser Stelle ist es wichtig, **die beschlossenen Konsequenzen von Schulseite trotzdem klar zu formulieren und zu vertreten.** Da hier miteinander keine einvernehmliche Kooperation möglich ist, wird auf die Klärung durch die Schulleitung verwiesen. Um trotz allem einen positiven Abschluss zu finden, empfiehlt es sich, die Hoffnung auf eine spätere Einigung bewusst zu formulieren

10 MEDIATIVER UMGANG MIT VORWÜRFEN UND KRITIK

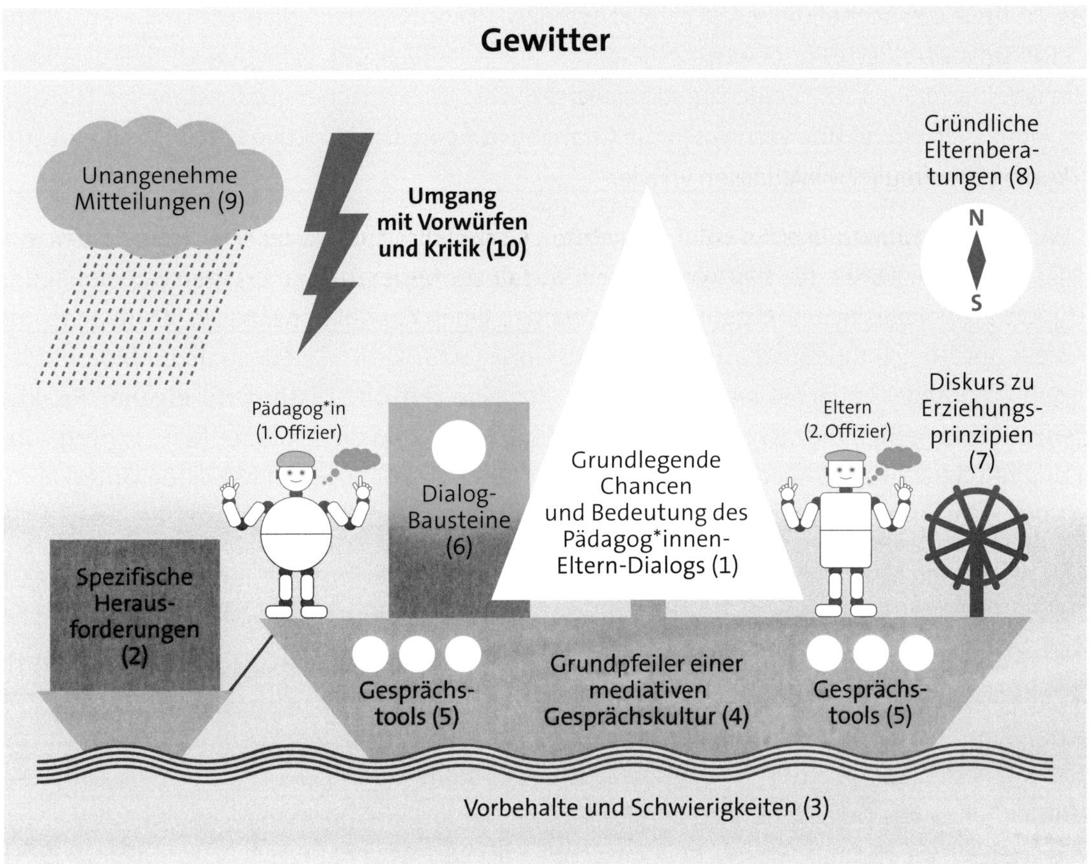

10.1 Mögliche Hintergründe für die Entstehung von Vorwürfen, Unterstellungen und Kritik

Die in Kap. 3 ausführlich geschilderten hohen Identifikationen beider Erziehungspartner*innen mit den Entwicklungsverläufen der anvertrauten Kinder, aber auch die möglichen Vorbehalte untereinander im nicht immer einfachen institutionellen Kontext erklären das **leichte Aufkommen von Vorwürfen an die Gegenseite, um eigenen Druck abzubauen.** Gerade vor diesem Hintergrund der hohen inneren Beteiligung der Akteur*innen können selbst unterschwellig geäußerte Vorwürfe, aber natürlich **besonders Unterstellungen und direkte verbale Kritik zu einer empfindlichen Beeinträchtigung der Beziehung untereinander** mit recht hohem Verletzungspotential führen. Insbesondere wenn diese Differenzen nicht zeitnah aufgelöst werden können, führen sie u. U. zu tieferen Vorbehalten, die die erzieherische Zusammenarbeit dauerhaft beeinträchtigen können, mit nicht selten weitreichenden Konsequenzen für das betroffene Kind.

Umso wichtiger erscheint es uns vor diesem Hintergrund, unterstützt durch unsere vielfältigen Erfahrungen mit kniffligen Konfliktgesprächen zwischen Eltern und Pädagog*innen, sich mit der möglichen Dynamik solcher kritischen Gespräche intensiv auseinanderzusetzen, um sie letztlich in konstruktive und professionelle Bahnen lenken zu können. Dabei steht sicher die **Pädagogin bzw. der Pädagoge für einen geordneten und konstruktiven Ablauf in der Hauptverantwortung,** da es sich nicht um ein Gespräch im privaten Rahmen handelt (vgl. Beier 2011, S. 7). Unbedingt zu bedenken ist, dass jeder persönliche Angriff auf die eigene Person – der aktuell als solcher empfunden wird –, automatisch in Sekundenbruchteilen **eine Kaskade von Stressreaktionen im Körper** auslöst und ihn rein biologisch und hormonell entweder auf Gegenwehr oder Flucht programmiert. Dieser steinzeitliche, damals sicher sehr sinnvolle, heute in Dialogen überhaupt nicht mehr zielführende Prozess, sollte dabei schnell bewusst erfasst werden, um ihn bestmöglich kontrollieren zu können. Denn eine unkontrollierte, unbewusste Reaktion wäre vielfach der sofortige verbale Gegenangriff bzw. ein beleidigter Rückzug. Beide Reaktionsweisen wären in kritischen professionellen Dialogen bestimmt nicht zielführend und verringern die Chancen auf eine konstruktive Klärung mit einvernehmlicher Lösungsfindung erheblich.

Wir möchten ausdrücklich darauf hinweisen, dass wir uns hier in diesem Kapitel nicht auf jene Kritiksituationen beziehen, die von vorneherein auf grobe Verletzung und massive Beleidigung des Gegenübers ausgelegt sind. Für diese Fälle beschreiben wir in Kapitel 10.3 eine Sie schützende und diesen Prozess unterbrechende mediative Vorgehensweise (SOS). Zentral ist deshalb im Moment der Kritik für den Empfänger zunächst nichts zu sagen, also **eine zeitliche Distanz zur eigenen Reaktion zu schaffen,** um die eigenen Prozesse in den Griff zu bekommen und die Argumente im Hintergrund sortieren und reflektieren zu können. Dies erläutern wir Ihnen detaillierter im nächsten Unterkapitel mit den 4 Is der Selbstempathie, verknüpft mit unserem Medi – unsere Hilfsfigur für den inneren Coach.

Neben diesen Möglichkeiten der Eigenkontrolle ist noch eine weitere zentrale mediative Grundüberlegung hilfreich, um derartigen Angriffen professionell begegnen zu können. Da wir die Entstehung von Konflikten vor allem in verletzten Gefühlen und auf der Grundlage unerfüllter Bedürfnisse des Gegenübers sehen, gehen wir Mediator*innen grundsätzlich davon aus, dass **geäußerte Kritik die möglichen Ängste und Sorgen um das Kind ausdrückt,** verbunden mit dem Wunsch nach bestmöglicher Entwicklung seiner Fähigkeiten. So sind diese emotionalen Äußerungen letztlich als **Hilferufe und erste Blitzableiter des Gegenübers** zu verstehen, um die innere Spannung loszuwerden, aber nicht unbedingt gegen die Pädagogin bzw. den Pädagogen als Person gerichtet. So können diese kritischen Äußerungen begleitet durch entsprechendes Spiegeln und Hinterfragen mit positiven Umformulierungen auf die dahinterliegenden Wünsche fokussiert werden, die konkrete Ausgangspunkte ohne Angriffspotenzial für beide Seiten darstellen. Sieht man diese Äußerungen also abgelöst vom Vorwurfscharakter bzw. als Unterstellung, dann werden die hinter der Kritik stehenden Aspekte zu möglicherweise **wertvollen Hinweisen dafür, dass es nicht rund läuft und sich alle Beteiligten dem Prozess stellen sollten.** Dabei ist es durchaus möglich und auch sinnvoll, dass gewisse Maßnahmen, die wir als Pädagog*innen setzen, hinterfragt und ggf. verändert werden sollten genauso wie für die häusliche Erziehungsseite. Kann das Problem konstruktiv miteinander und ohne Schuldzuweisungen in Ruhe weiterbearbeitet werden, dann werden oft beide Seiten auf verzahnte Prozesse oder Anteile aufmerksam, die einer Veränderung bedürfen und letztlich zu einer Lösung im Sinne des Kindes führen. Insofern kann dieser durchaus unangenehme Ausgangspunkt eines Kritikgesprächs zu einer **wichtigen konstruktiven Veränderung** führen, die beide letztlich begrüßen. Das ist jedoch nur dann möglich, wenn es mit den genannten mediativen Mitteln wie grundlegender Respekt des Gegenübers mit seiner ganz eigenen Perspektive zu einem Gespräch auf Augenhöhe kommt und die tatsächlichen Hintergründe und Sorgen offen und ohne Ängste zur Sprache kommen können.

Liegt einem Gespräch allerdings nicht diese mediative Haltung zugrunde und wehrt sich das Gegenüber mit Gegenangriffen bzw. verdeckten Attacken in ähnlicher oder sogar gesteigerter Form, dann kommt es zu den so oft in der Kommunikationsliteratur beschriebenen Eskalationen oder Widerspruchssequenzen (vgl. konflikteskalative Replik, Gabriel 2020, S. 7) bzw. auch zu unproduktiven Schleifen, Spielchen, „Testzähnen“, Schuldsuche, Trotz, Aussitzen, Vernebeln, Verzerrung u. a. (vgl. Aich/Behr 2019, S. 184 ff, Roggenkamp 2021, S. 43 ff.) auseinanderzusetzen. Auf diese Aspekte möchten wir hier jedoch nicht intensiver eingehen, da wir davon überzeugt sind, **dass mit den mediativen Mitteln und einer entsprechenden Haltung solche Aktionen erst gar nicht entstehen** bzw. die Äußerungen positiv umformuliert werden und sich somit nicht ausweiten können. Wie das im Einzelnen sprachlich möglich ist, möchten wir Ihnen nach Hinweisen zur inneren Distanz im nachfolgenden Kapitel anhand von Beispielen aus der Praxis mit Hilfe der mediativen Selbstvertretung gern genauer zeigen und erläutern.

10.2 Professionelle Distanz in emotionalen Situationen finden

Bevor wir also gleich genauer auf die sprachlichen mediativen Möglichkeiten in emotional gefärbten Dialogen und bei Kritik eingehen werden, möchten wir Sie zuvor darin unterstützen, auch in eskalierten Gesprächssituationen Ihre professionelle Haltung zu bewahren. Denn nicht selten bereut man später unbedachte, spontane Äußerungen in emotional aufgeladenen Zusammenhängen, die einem möglicherweise hinterher zum Nachteil gereichen. Dabei ist **eine Klarstellung im Nachhinein oft deutlich anstrengender und unangenehmer als das bewusste Zurückhalten** und Verarbeiten der Emotionen in der aktuellen Situation.

Grundsätzlich hilfreich beim Umgang mit den Emotionen des Eltern-Gegenüber ist die Tatsache, dass Sie in Ihrer professionellen Rolle in Bezug auf bestimmte Aspekte im Fokus stehen, die Sie nicht im Ganzen selbst zu verantworten haben, sondern vielfach sind die Administration oder der Bildungsträger mit seinen Vorgaben mit beteiligt. **Nie infrage stehen Sie als Mensch mit Ihrer Würde und Integrität, die immer unantastbar ist** und geschützt werden muss, insbesondere bei unhöflichen und ungerechtfertigten Wünschen und Vorstellungen. Möglicherweise hilft Ihnen in dem Zusammenhang der Gedanke, dass Sie in Erziehungszusammenhängen **vornehmlich ein*e Berater*in** sein können, nicht aber der allwissende, alleinige pädagogische Experte bzw. die allwissende, alleinige pädagogische Expertin (vgl. Roggenkamp 2021, S. 51)!

Trotz all dieser Grundüberlegungen, die ohne Frage eine Stärkung im Hintergrund beinhalten, sind Sie natürlich trotzdem den gleichen emotional-hormonellen Abläufen bei aktuellem Gesprächsstress ausgesetzt und müssen sich damit auseinandersetzen. Um auch unter diesen Bedingungen kontrolliert und empathisch reagieren zu können, sollten Sie sich unbedingt **unterstützende Selbstempathie** geben. Darunter verstehen wir selbststärkende Maßnahmen und Prozesse, die Sie innerlich in dem distanzierten Moment des Innehaltens vor Ihrer verbalen Reaktion ablaufen lassen. In diesem Zusammenhang haben sich die 4 I`s der Selbstempathie bewährt. Aus den genannten Möglichkeiten können Sie sich die für Sie selbst passendsten Maßnahmen jeweils herausgreifen und entsprechend erproben.

Die 4 Is der Selbstempathie

1. **(I) Innehalten – Atmen:** zunächst nichts sagen, Ruhe bewahren, durchatmen (oder im Geist bis zehn zählen), Faust in der Tasche ballen
2. **(I) Identifizieren eigener Gedanken und Bedürfnisse:** Was denke und fühle ich gerade? Inwieweit fühle ich mich betroffen? Was brauche ich, was wünsche ich mir?
3. **(I) Ich-Stärkung:** innerlich beruhigende Sätze sagen, z. B. Ich sage kontrolliert, was ich fühle! Ich beherrsche mich und die Situation!
4. **(I) Ich-Botschaft eigener Gefühle und Bedürfnisse:** Wenn deine Sachen hier auf meinem Tisch herumliegen, bin ich verunsichert, weil ich dann selbst meine Sachen nicht finde. Ich bitte dich, ...

Besonders wichtig für Ihre innere Unterstützung in eskalierten Situationen sind die **Ich-stärkenden Sätze,** eine Form der Metakommunikation, **die Sie sich selbst innerlich zuflüstern.** Damit diese Sequenz möglichst eindringlich ablaufen kann, haben wir eine besondere Hilfsfigur, unseren **inneren Coach „Medi",** erfunden, ein gutmütiger, Ihnen total wohlgesinnter Geselle. Er sitzt Ihnen als hilfreicher Begleiter, als gedachter innerer Mediator, auf der Schulter und flüstert Ihnen bei Belastungen beruhigende und unterstützende Sätze eindringlich zu. Damit dieser innere Vermittler Ihnen in kniffligen Situationen bestens zur Seite stehen kann, sollten Sie sich im Vorfeld ansprechende, **persönlich beruhigende Formeln zurechtlegen** und diese für sich selbst notieren.

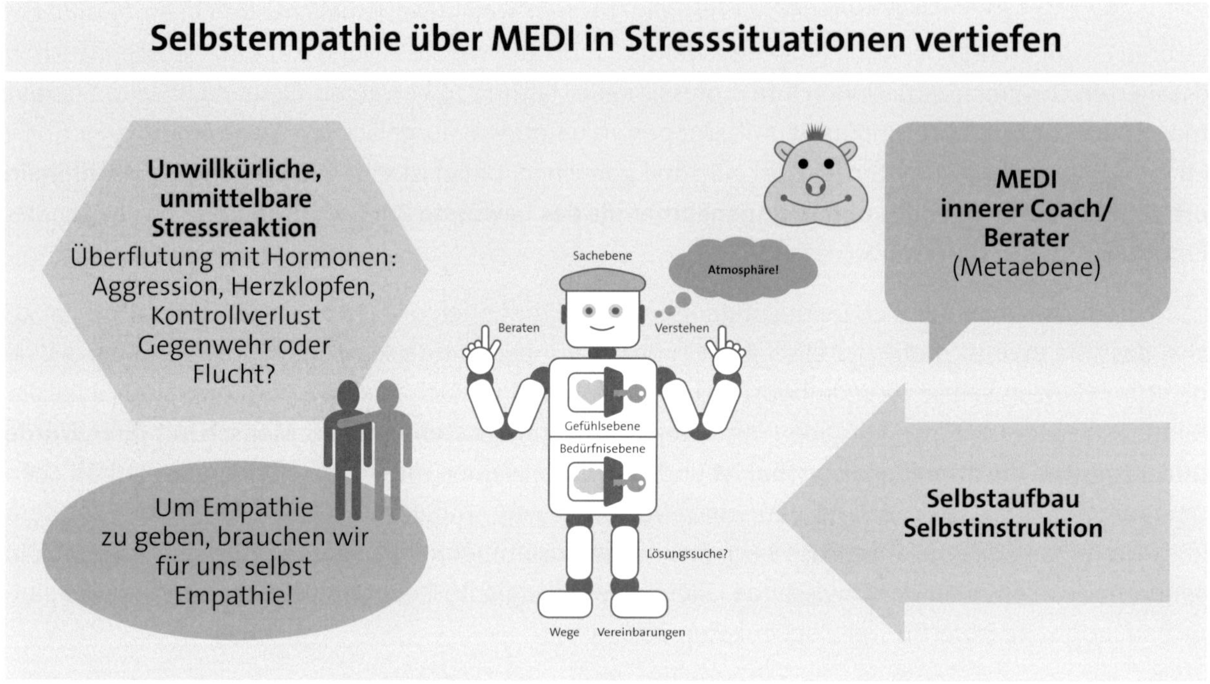

Besonders bewährt haben sich bei unseren Seminarteilnehmenden folgende unterstützende **Selbstinstruktionen von Medi:**

- Bleib ruhig, atme tief durch!
- Erst spiegeln, dabei die Antwort überlegen!
- Der hat aber ein Problem, nicht du!
- Ich bleibe bei mir und trete für mich ein!

Entscheidend für das Halten Ihrer professionellen Distanz neben diesen unterstützenden Maßnahmen der Selbstempathie bleibt Ihre grundlegend mediative Haltung im Ganzen. Es braucht **die tiefe Überzeugung über den Eigenwert jeder Person an sich und seiner grundsätzlich positiven Absichten** vor dem Hintergrund seiner ganz natürlichen Bedürfnisse, um in diesen heiklen Situationen bei sich zu bleiben und professionell reagieren zu können, also eben nicht loszupoltern oder sich unnötig klein zu machen.

Mit dieser gelebten professionellen inneren Distanz ermöglichen Sie für sich selbst eine **mediative Allparteilichkeit** (vgl. Kap. 4) und schützen sich damit vor emotional gefärbten Sympathien bzw. Antipathien und damit verbundenen schnellen Wertungen, die in pädagogischen Zusammenhängen oft nicht zielführend sind. Die Allparteilichkeit fördert demzufolge **Ihre professionelle Sicherheit und Handlungskompetenz grundsätzlich** in herausfordernden Situationen, denn diese befreit Sie damit von der belastenden Alleinentscheider-Retter-Richter-Rolle, die schnelle Entscheidungen und

Lösungen von Ihnen erwarten würde. Unterstützt wird diese innere Distanz durch die aktiven Formen der Selbstempathie der 4 Is. So können Sie auf dieser klaren mediativen Grundlage freier und **sicherer Ihre pädagogische Persönlichkeit zeigen und ausprägen**, was ausgesprochen befriedigend sein kann.

Mediative Haltung – Unterstützung Ihrer Professionalität

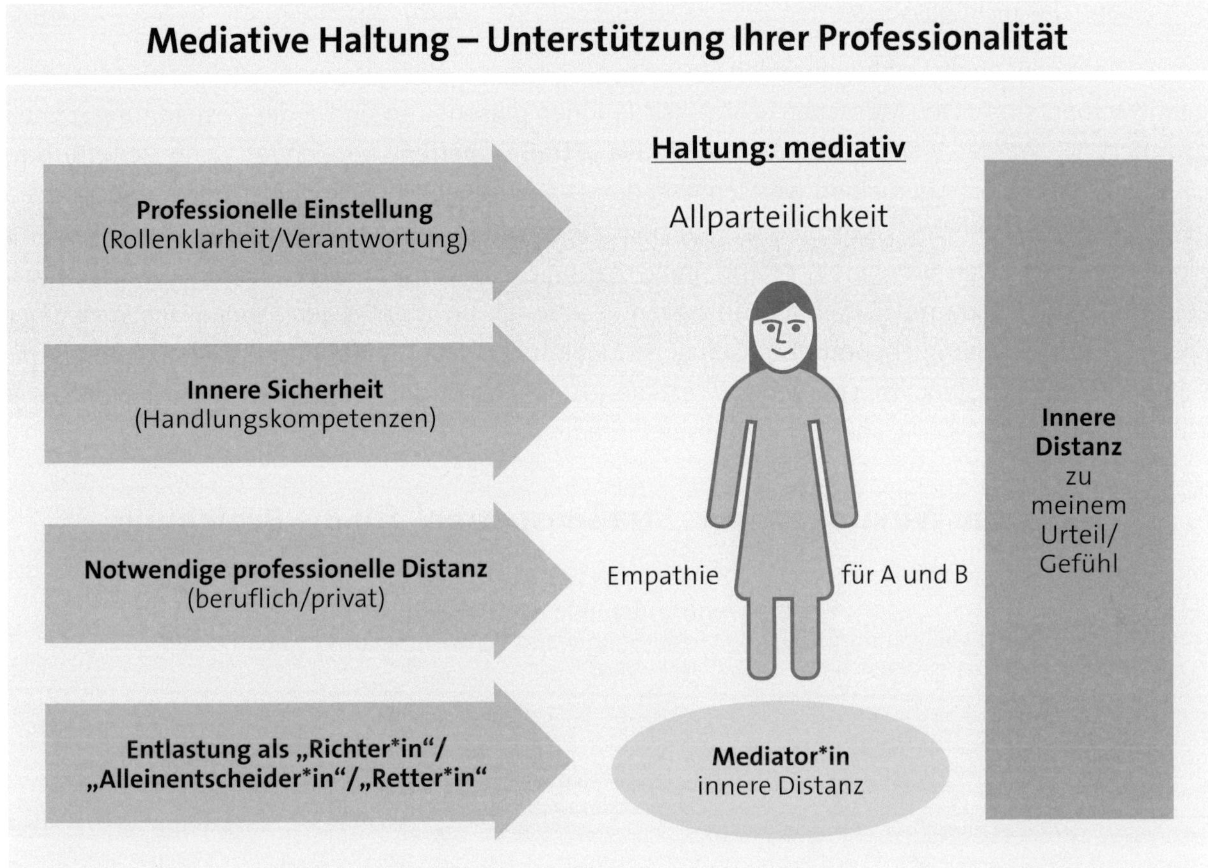

10.3 Mediative Kurztechniken bei emotional aufgeladenen Kommunikationen

Neben dieser wichtigen mediativen Grundhaltung und den stärkenden inneren Prozessen der Selbstempathie möchten wir Ihnen für emotional aufgeladene Kommunikationen des pädagogischen Alltags weitere **konkret sprachliche Unterstützungen mit gezielten Impulsen anbieten,** um Ihre Professionalität zu stärken. Denn über die starken Identifikationen von Eltern mit den Problemen ihrer Kinder kommt es nicht selten im Alltag besonders in Tür-und-Angel-Situationen zu stärker emotional gefärbten Aussagen, die Sie als Gegenüber ebenfalls empfindlich treffen könnten.

Stellen Sie sich bitte folgendes Beispiel vor: Ein Elternteil überfällt Sie völlig unerwartet auf dem Gang bzw. vor der Klassentür mit folgendem emotionalen Angriff: „Ihre Matheaufgaben versteht ja kein Kind der Klasse! Mein Sohn verzweifelt an Ihren Hausaufgaben! Das war noch bei keinem Mathelehrer bisher so!"

Vielleicht geht Ihnen spontan einer dieser folgenden Sätze durch den Kopf, die Sie am liebsten entgegnen würden.

- Ja, aber vielleicht sollte ihr Kind mal endlich aufpassen im Unterricht!
- Nun regen Sie sich mal nicht so auf! Das gibt es eben mal! Ist doch halb so schlimm! Er kapiert es sicher irgendwann!

- Warum sind Sie nicht schon früher damit gekommen?
- Es fehlen ja auch dauernd die Hausaufgaben. Wer nicht übt, der gewinnt nichts!
- Sie sollten unbedingt mehr mit Ihrem Sohn üben!
- Die Aufgaben verstehen viele Kinder! Aber wenn man sich nur mit seinen Nachbarn unterhält, kann das nicht besser werden.

Diese oder ähnliche **abwehrenden Floskeln,** die wir vermutlich als Kinder auch so manches Mal gehört haben, sind vielen Menschen in Stresssituationen präsent und sind in der Anspannung schnell geäußert. Sie werden vielfach **als kommunikative „Straßensperren"** bezeichnet, denn sie unterbrechen bzw. beeinträchtigen einen wertschätzenden Dialog erheblich. Besonders unpassend sind sie gerade in professionellen Zusammenhängen, denn **sie eskalieren die Auseinandersetzung** weiter und blockieren damit von vornherein offene, einvernehmliche Lösungsansätze. Zudem fühlt sich das Gegenüber als Person mit diesen abwehrenden Reaktionen nicht ernst genommen und wird einer späteren Verständigung eher misstrauisch gegenüberstehen. Insbesondere für Straßensperren typische, eskalierende Sprachmuster sollten deshalb grundsätzlich unbedingt vermieden werden, wie z. B.: Warum sind Sie ...?, Ja, aber ...! Sie müssen unbedingt ...!

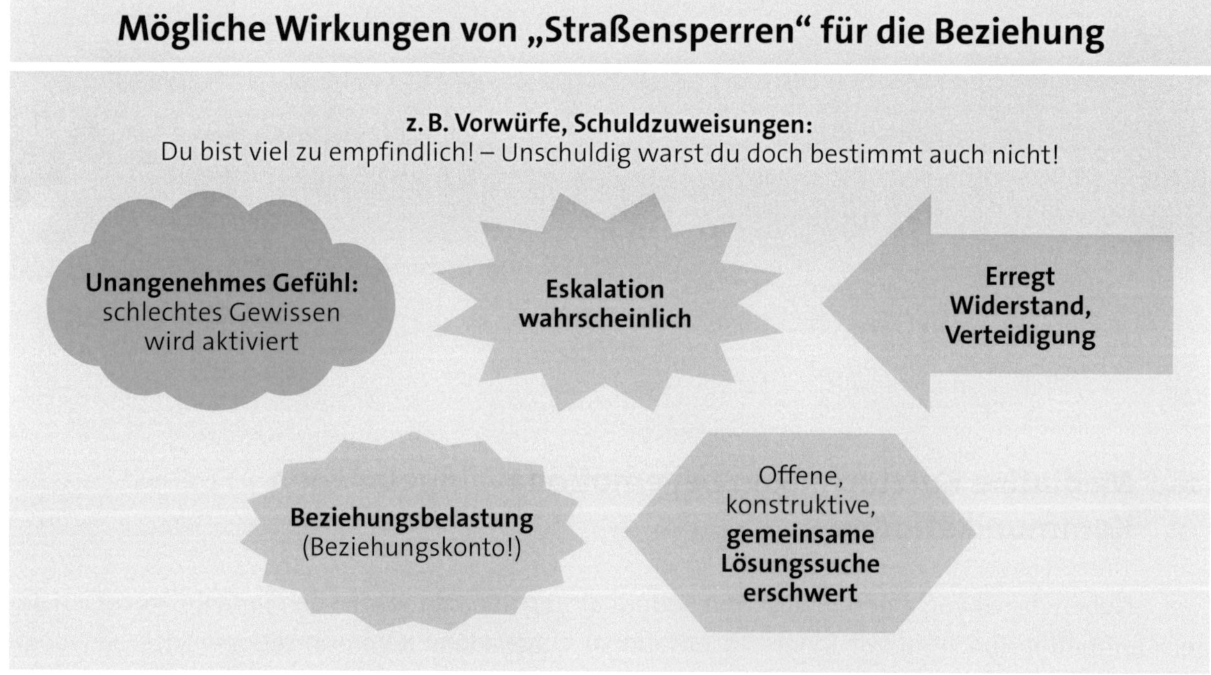

Im Gegensatz dazu möchten wir Ihnen hier eine Abfolge mediativer sprachlicher Impulse anbieten (LIBEN), die das Gegenüber in seinem Problem respektvoll annimmt und vor allem durch das weiche Spiegeln die aufgekommenen Gefühle deeskaliert, um zu einer konstruktiven Gesprächsbasis zu finden. Denn stärkere Erregungen mit ihren hohen Stresspegeln lassen es oft nicht zu, die Argumente des Gegenübers vollständig aufzunehmen und einzuordnen, sodass **ein konstruktiver Dialog unter diesen emotional gefärbten Bedingungen nicht mehr möglich wäre.** Wir betonen allerdings ausdrücklich, dass Sie diese Impulse nur dann anwenden sollten, **wenn Sie es persönlich für angemessen und aktuell für Sie emotional leistbar halten.** Insbesondere auswendig gelernte Sprachmuster wirken schnell überheblich und arrogant. Nicht ernstgemeinte bzw. unehrliche Gesprächsanteile erkennt Ihr Gegenüber meist recht schnell und diese werden damit kontraproduktiv. Mit professioneller Bewusstheit und Überzeugung geäußert sind diese Sprachmuster allerdings **zur effektiven**

Deeskalation ausgesprochen praxistauglich und eröffnen Ihnen eine konstruktive Klärung des Problems, insbesondere durch die angehängte Nachfrage des Weiteren gemeinsamen Umgangs damit.

Hier folgen nun zwei Beispiele aus dem Lehrer*innen- und anschließend aus dem Erzieher*innenalltag.

Beispiel: Ihre Matheaufgaben versteht ja kein Kind! Mein Sohn verzweifelt an Ihren Hausaufgaben! Das war ja noch nie so!
(L) Loben des*der Mitteilenden: Gut, dass Sie mit Ihrem Anliegen zu mir kommen.
(I) Interesse zeigen: Es ist wichtig für mich zu wissen, dass Ihr Sohn mit den Hausaufgaben z. Zt. Schwierigkeiten hat.
(B) Bedürfnisse und Gefühle aufnehmen (Betroffenheit): Sie sind beunruhigt, weil Sie beobachten, dass Ihr Sohn mit der Menge der Aufgaben überfordert ist. Sie wünschen sich eine Klärung und dass sich schnell etwas ändert, sodass Ihr Sohn entlastet wird.
(E) Einräumen von Schwierigkeiten: Wir hatten tatsächlich in der letzten Zeit viel Unterrichtsstoff nachzuholen, was sich teilweise auf die Hausaufgaben ausgewirkt hat.
(N) Nachfragen und Spezifizieren: Wie genau äußert sich Ihr Sohn dazu?

(Mögliche differenzierte ergänzende Auskunft: Mir ist auch wichtig, dass Ihr Sohn die Hausaufgaben gut bewältigen kann und sich nicht überfordert fühlt. Den Stoff haben wir jetzt aufgeholt, sodass sich die Hausaufgabenmenge wieder normalisieren wird. Sollten Sie in der nächsten Zeit dennoch beobachten, dass Ihr Sohn weiterhin Probleme beim Bewältigen der Aufgaben hat, dann bitte ich Sie mich zu kontaktieren. Können wir so verbleiben?)

Beispiel: Elternvorwurf: Immer ist mein Kind ohne Jacke draußen. Es ist nur noch erkältet!
(L) Loben des Mitteilenden: Gut, dass Sie mit Ihrem Anliegen zu mir kommen.
(I) Interesse zeigen: Es ist wichtig für mich zu wissen, was geschehen ist und dass sich Leo leicht erkältet.
(B) Bedürfnisse und Gefühle aufnehmen (Betroffenheit): Sie sind besorgt, dass er wieder krank werden könnte, und wünschen sich von uns Rücksichtnahme und Verlässlichkeit.
(E) Einräumen von Schwierigkeiten: Es ist bei dem derzeitigen Krankenstand des Personals nicht immer einfach, wirklich alles bei den Kindern im Blick zu haben, was wir jedoch versuchen.
(N) Nachfragen und Spezifizieren: Ich informiere nochmals alle Kolleg*innen, bei Leo besonders darauf zu achten. Gleichzeitig bitte ich Sie, wie wir es hier auch tun werden, Leo von Ihrer Seite daran zu erinnern, selbst verstärkt daran zu denken. Wollen wir so verbleiben?

Sie finden in der Abfolge (LIBEN – es ist bewusst ohne e gewählt, weil man ein emotional erregtes Gegenüber wahrscheinlich nicht unbedingt liebt!) zunächst bewusst mehrere annehmende Impulse, gepaart mit dem Aufnehmen der Gefühle, um Zeit und Raum zu gewinnen, **die stärkeren Gefühle des Gegenübers aufzunehmen und damit abzufedern** (L = Loben, I = Interesse, B = Betroffenheit). Bei besonders starken Erregungen kann es sogar notwendig werden, diesen Prozess in Variationen zu wiederholen, um die Erregungen abklingen zu lassen. Der nachfolgende **Impuls „E = Einräumen" von Schwierigkeiten wirkt ebenfalls deeskalierend und unterstützend**, passt aber nicht unbedingt zu jeder Situation, nämlich sobald er Ihre Professionalität einschränken würde. Abschließend wird ein **konstruktiver Dialog über Nachfragen** oder begleitet durch professionelle Ergänzungen bzw. Erläuterungen eingeleitet, der dann zu möglichen Absprachen für die Zukunft führt.

Nach unserer Erfahrung reichen diese mediativen Gesprächstools der Deeskalation wie das soeben dargestellte LIBEN sowie die wertschätzende Problemannahme WWM (vgl. Kap. 5) für die tägliche Praxis im Umgang mit Elternsorgen aus, um diese deeskalierend anzunehmen und einen geordneten, ggf. späteren Dialog einzuleiten.

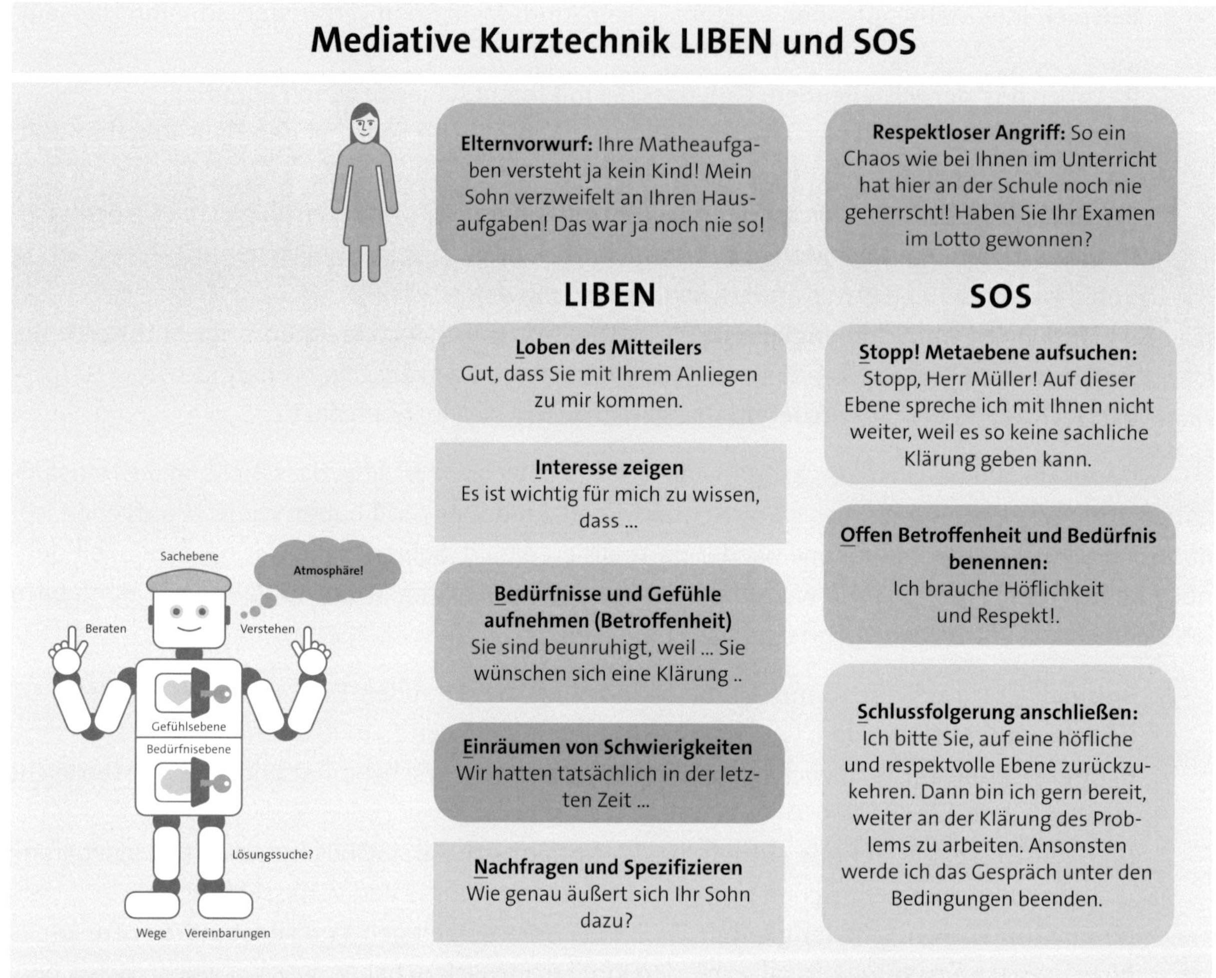

Wenn es auch sicher nur in Ausnahmefällen zur Anwendung kommen wird, möchten wir Ihnen hier ein weiteres Gesprächstool vorstellen **(SOS), dass wir für respektlose sprachliche Angriffe entwickelt haben,** damit Sie diese sofort mediativ unterbinden und situationsgerecht beantworten können. Wir sind der Überzeugung, dass kein Gegenüber das Recht hat, Sie respektlos oder gar beleidigend zu behandeln, ganz unabhängig von den Sachzusammenhängen. Die Basis für ein faires Gespräch kann erst dann hergestellt werden, wenn sich beide Seiten höflich-respektvoll begegnen und **die Würde des Gegenübers achten.** Es würde Ihrer Selbstachtung bestimmt schaden, wenn Sie etwaige Verletzungen in dieser Hinsicht auch nur in Ansätzen zuließen. Das mediative Abstoppen verbaler Übergriffe hilft letztlich auch Ihrem Gesprächspartner bzw. Ihrer Gesprächspartnerin, sich selbst wieder zu kontrollieren.

Wenn Sie also den persönlichen Eindruck haben, unhöfliche Äußerungen von Eltern gehen unter Ihre Gürtellinie, möchten wir Ihnen hier unsere **mediative Stopptechnik (SOS = Notfalltechnik)** vorschlagen, die eigene Betroffenheit und Bedürfnisse in den Vordergrund stellt und mit einer für Sie passenden Schlussfolgerung abschließt. Damit haben Sie ein effektives Gesprächstool, **um**

unangemessene Angriffe sofort zu unterbinden und eine weitere Eskalation zu vermeiden. Hier ein Beispiel aus der Praxis:

> **Beispiel SOS:** So ein Chaos wie bei Ihnen im Unterricht hat hier an der Schule noch nie geherrscht! Haben Sie Ihr Examen im Lotto gewonnen?
> **(S) Stopp! Metaebene aufsuchen:** Stopp, Herr Müller! Auf dieser Ebene spreche ich mit Ihnen nicht weiter, weil es so keine sachliche Klärung geben kann.
> **(O) Offen Betroffenheit und Bedürfnis benennen:** Ich brauche Höflichkeit und Respekt!
> **(S) Schlussfolgerung anschließen:** Ich bitte Sie, auf eine höfliche und respektvolle Ebene zurückzukehren. Dann bin ich gern bereit, weiter an der Klärung des Problems zu arbeiten. Ansonsten werde ich das Gespräch hier beenden.

Damit Sie Ihren Gesprächspartner bzw. Ihre Gesprächspartnerin in diesen emotional stark aufgeladenen Stresssituationen überhaupt sprachlich erreichen können, ist es wichtig, dass Sie sofort sehr bestimmt und laut mit dem **Stopp-Signal und dem Namen Ihres Gegenübers** – soweit bekannt – reagieren. Unterstützen Sie Ihre lauten Stoppsignale am besten durch eine **entsprechende Körpersprache,** z.B. Ihre Hand unterbrechend in Richtung des Sprechers bewegen. Denn die stark erregten Sprechenden sind in ihren Gefühlen (z.B. Ärger oder Wut) wie in einem Tunnel gefangen und nehmen Ihre Umwelt deshalb nur sehr gedämpft wahr. Über Ihre klaren und lauten Botschaften erreichen Sie, dass Sie überhaupt erst mit Ihren Bedürfnissen (O = Offenheit) und angekündigten Konsequenzen wahrgenommen werden. Entscheiden Sie bei Ihrem 3. Schritt (S = Schlussfolgerung) jeweils entsprechend Ihrer Verfassung und der Sachlage, ob Sie das Gespräch unter den veränderten Bedingungen fortführen oder es mit Abstand lieber neu starten möchten.

Mit den hier vorgestellten Gesprächstools (WWM – vgl. Kap.5.4 – LIBEN und SOS) können Sie gezielt deeskalierend in emotional gefärbten Situationen Ihres Alltags, insbesondere in den Tür-und-Angel-Situationen, sprachlich konstruktiv antworten. Im nächsten Kapitel möchten wir Ihnen vorstellen, wie Sie in längeren, verabredeten Gesprächssituationen adäquat in professioneller Weise souverän und mediativ auf Kritik reagieren können.

10.4 Mediative Selbstvertretung bei Unterstellungen

In unserer Mediationspraxis im Schulalltag werden uns in Konfliktzusammenhängen immer häufiger Gesprächssituationen geschildert, in denen verletzende Unterstellungen, die oftmals einer entsprechend sachlichen Grundlage entbehren, eine nicht unerhebliche Rolle spielen. Gefördert werden diese Tendenzen durch die grundsätzliche Schwächung des Ansehens der Pädagog*innen in unserer Gesellschaft. Das führt unter Umständen dazu, dass Eltern selbstverständlich eingehaltene Schwellen des Respekts leichter überschreiten und sich verstärkt in teilweise distanzloser Weise in pädagogische Belange und Verantwortlichkeiten einmischen. Ursächlich dafür sind nach unseren Einschätzungen oftmals eigene Erfahrungen mit unverarbeiteten, verletzenden Situationen mit Autoritäten bereits im Kindes- und Jugendalter. Diese Prozesse verlaufen nicht selten unbewusst im Hintergrund und sind deshalb von allen Beteiligten nur schwer zu steuern, da sie eine Form der Gegenwehr aufgrund dieser Erinnerung aktivieren. Das führt in der Praxis häufiger zu emotional aufgeladenen Diskussionen, die leicht zu persönlich gefärbten, unsachlichen Diskussionen führen und sich schnell auf weitere Nebenschauplätze ausweiten. Manchmal spielen bei diesen unangemessenen Unterstellungen auch generelle Frustrationen und das Gefühl von Hilflosigkeit gegenüber Schule bzw. staatlichen Institutionen eine Rolle. Dies lässt möglicherweise eine Verteidigungshaltung für das eigene Kind aufkommen, um ihm diese Erfahrung zu ersparen.

Wir sind der Meinung, dass Pädagog*innen dem mit einer professionellen Haltung klar entgegentreten und ungerechtfertigte Vorwürfe sachlich korrekt zurückweisen sollten, ohne sich in irgendeiner Weise provozieren zu lassen. Dies ist in dem Zusammenhang so bedeutungsvoll, um weiteren Eskalationen im Gesprächsverlauf vorzubeugen.

Folgende sprachliche Schritte könnten bei ungerechtfertigten Unterstellungen hilfreich sein.

Beispiel für eine Unterstellung von Elternseite: Das habe ich schon von anderen gehört, das scheint ein grundsätzliches Problem bei Ihnen zu sein.
(S) Spiegeln: Sie haben also den Eindruck, dass ich in Bezug auf diese Problematik nicht immer angemessen reagiere. (Ist das richtig?)
(E) Einfordern von Respekt: Ich bitte Sie, sich mir gegenüber respektvoll zu äußern und sachlich zu bleiben.
(S) Schlussfolgerung: Auf einer höflichen Grundlage bin ich gerne bereit, die Thematik mit Ihnen zu klären.
(Ergänzende Schlussfolgerung: Ich hatte Sie um mehr Respekt gebeten und merke, dass Sie dem nicht entsprechend nachkommen. Deshalb beende ich hiermit das heutige Gespräch.
Ggf. anfügen: Eventuell könnten wir zu einem späteren Zeitpunkt ein sachliches Gespräch wieder aufnehmen.)

Um die Unterstellung zunächst emotional abzufedern und sie auf eine mögliche sachliche Grundlage zu beziehen, wird die Äußerung gespiegelt und ggf. mit der Nachfrage verbunden, ob dies inhaltlich so zutrifft. Damit wird dem Gegenüber eine kritische Reflexion seiner Aussage ermöglicht, aus der sich ggf. eine Klarstellung ergeben könnte.

Ergibt sich keinerlei Korrektur der Aussage, empfehlen wir im nächsten Schritt ein deutliches Einfordern von Respekt und Sachlichkeit, um eine konstruktive Ebene für das Gespräch zu erreichen. Als Schlussfolgerung könnten Sie folgende Möglichkeiten auswählen: eine Fortsetzung des Gesprächs auf respektvoller Grundlage, ein Abbruch des Gesprächs oder eine möglicheVerschiebung des Gesprächs auf einen späteren Zeitpunkt.

10.5 Mediative Selbstvertretung im Umgang mit Kritik

10.5.1 Praktische Umsetzung

Nachdem Sie sich in den letzten Kapiteln mit den Hintergründen von Vorwürfen und Ihren professionellen Möglichkeiten bezüglich innerer Haltung und Reaktionsweisen im Kurzkontakt auseinandergesetzt haben, möchten wir Ihnen nun die Möglichkeiten und Strukturen für die mediative Selbstvertretung in Kritiksituationen genauer darstellen.

Damit Sie die Prinzipien und Strukturen der mediativen Reaktionsweise auf Kritik detailliert erfassen können, möchten wir Ihnen gleich auf der Grundlage eines Praxisbeispiels verschiedene mögliche sprachliche Antworten auf einen Kritikimpuls zum Vergleich ausführlicher vorstellen. In diesem Zusammenhang bitten wir Sie, beim Lesen der verschiedenen Varianten unmittelbar für sich selbst zu prüfen, welche Reaktionsweisen Sie auf gar keinen Fall anwenden würden bzw. welche für Sie möglich und besonders relevant wären. Wir werden alle Varianten dann im Anschluss entsprechend diskutieren.

Zunächst beginnen Sie das Gespräch mit einem verbindlichen Einstieg zur Gestaltung der Atmosphäre, wie z. B. „Gut, dass wir heute Zeit gefunden haben, miteinander über die Situation Ihres

Sohnes zu sprechen ...“. Dabei werden Sie jedoch gleich durch folgende Kritik des Elternteils unterbrochen: **Sie benachteiligen andauernd gerade meinen Sohn und gehen viel zu streng mit ihm um. Immer ist er an allem schuld!**

Wie könnte sich eine Lehrkraft mit dieser Aussage eines Elternteils gleich zu Beginn eines Gesprächs auseinandersetzen? Welches sind mögliche Reaktionsmuster?

Variante 1: Nun machen Sie mal halblang. Ihr Kind ist ja nicht gerade ein Unschuldslamm und tanzt ständig aus der Reihe. Sie sollten zu Hause mal richtig durchgreifen, dann würde er sich hier in der Schule auch nicht so aufführen. Ich tue hier nur meine Pflicht, wenn ich ihn entsprechend der Schulregeln bestrafe.
Variante 2: Oh, wahrscheinlich haben sie recht. Ich bin ja noch nicht lange dabei und so schrecklich unsicher im Umgang mit dieser Altersstufe. Bisher habe ich ja nur mit Erwachsenen gearbeitet und wollte das hier mit den Kindern eigentlich gar nicht. So richtig gefällt es mir auch wirklich nicht. Aber jetzt bin ich hier und versuche das irgendwie zu regeln.
Variante 3: Also, Sie haben mir heute gerade noch gefehlt. Jeder kommt mir hier in die Quere, wo ich mich doch immer so abmühe und versuche, es von morgens bis abends allen Recht zu machen. Aber es wird immer nur gemeckert. Was soll ich denn noch alles tun?
Variante 4: Naja, ihr Sohn ist ja schon ein kleiner Schlawiner. Zwar ganz schön vorlaut, aber dann einsichtig, wenn ich ihn mir zur Brust nehme. Ich glaube, er hat es jetzt begriffen und wird sich besser einfügen, denke ich. Im Übrigen, wir waren ja früher auch mal so frech und haben über die Stränge geschlagen und hatten so gar keine Lust uns einzuordnen, stimmt`s? Das wird schon!
Variante 5: Ich höre, dass Sie den Eindruck haben, ihr Kind würde von mir teilweise unberechtigterweise streng behandelt. Weil sie meinen, er wäre an den Vorkommnissen nicht entsprechend beteiligt gewesen. Sie wünschen sich jetzt eine Klärung des Problems und eine angemessene Behandlung Ihres Sohnes. Was genau erzählt Ihr Sohn denn zu Hause?
Variante 6: Es gab gerade in letzter Zeit einige Klagen über Ihren Sohn beim Fußballspielen auf dem Hof. Hier haben wir im Klassenrat nach längeren Diskussionen klare Regeln und Konsequenzen abgestimmt, die ich bei Ihrem Sohn in dem angesprochenen Zusammenhang entsprechend angewendet habe. Betroffen waren dabei auch noch zwei weitere Kinder, die entsprechend unseren Vereinbarungen mit ihm zusammen für eine Woche Spielverbot erhielten. Diese Konsequenzen habe ich allen drei Kindern entsprechend mitgeteilt und erläutert, um eine Verhaltensänderung in Zukunft zu erreichen.
Variante 7: Mir ist bewusst, dass Ihr Sohn gerade beim Fußball durch seinen Verein sehr engagiert ist und dies auch demonstrieren möchte. Es fällt ihm manchmal jedoch noch schwer, sein Temperament beim Spiel in den Pausen zu zügeln, was im Unterricht und sonst bei anderen Pausenbeschäftigungen so nicht der Fall ist. Als Klassenlehrer ist es meine Verantwortung, die vereinbarten Konsequenzen bei Übertritten entsprechend durchzusetzen. Mir ist sehr wichtig, dass ihr Sohn genau versteht, warum er diese Konsequenz zu tragen hat. Denn nur durch die Einhaltung der Regeln kann sein Verhältnis zu seinen Kameraden langfristig gut bleiben. Deshalb liegt mir sehr am Herzen, dass wir heute eine gemeinsame Lösung für dieses Problem finden.

- **Nachfragen:** Wie beurteilen die Situation? Haben Sie Vorschläge oder auch Ideen, wie wir Ihren Sohn unterstützen könnten?
- **Gemeinsame Lösungssuche:** Nach einem möglichen weiteren Austausch über die Zusammenhänge geht es nun darum, konkrete Vorschläge für Maßnahmen in der Schule und zu Hause, ggf. mit direkter Einbeziehung des Kindes, auszutauschen.

- **Verantwortungsvereinbarung:** Zum Schluss münden diese Vorschläge in eine möglichst schriftlich fixierte Vereinbarung mit konkreten Maßnahmen gleich im Verbund mit einem Folgetermin.
- **Rückmeldung:** Zum Schluss erfolgt die gemeinsame Auswertung des Gesprächs.

Damit Sie sich ein genaueres Bild zur mediativen Reaktionsweise, speziell der mediativen Selbstvertretung, im Vergleich zu anderen Reaktionsvarianten, machen können, diskutieren wir jetzt die einzelnen Möglichkeiten, bevor wir die Struktur noch einmal aufgreifen und ausführlich erläutern.

Diskussion der Varianten

Möglicherweise haben Sie sich beim Durchlesen bereits eine persönliche Meinung zu den angebotenen Reaktionsweisen gebildet. Wir möchten Ihnen nun aus unserer mediativen Sicht vorstellen, wie wir die Varianten jeweils einschätzen und die abschließenden mediativen Reaktionsweisen detaillierter erläutern.

Variante 1 – Gegenangriff/Rechtfertigung: Sie fördert eine weitere Eskalation des Gesprächs, verschiebt die „Schuld" auf das Gegenüber und wirkt als Sprecher*in mit Rechtfertigungstendenzen unprofessionell.

Variante 2 – Kleinmachen: Sie lässt den Sprecher bzw. die Sprecherin als schwach, unsicher und wenig handlungskompetent erscheinen, was die Person in der Rolle als Lehrkraft wenig professionell wirken lässt.

Variante 3 – Jammern: Hier versucht der Sprecher bzw. die Sprecherin durch eigene Überlastung vom Problem abzulenken und dem Kritikgeber bzw. der Kritikgeberin ein schlechtes Gewissen einzureden, ihn*sie überhaupt angesprochen zu haben – was ebenfalls unprofessionell ist.

Variante 4 – Beschwichtigen: Bei dieser Variante versucht der Sprecher bzw. die Sprecherin das Problem kleinzureden und durch die „Verbrüderung" möglicher Gegenwehr aus dem Weg zu gehen. Diese Reaktionsweise hat zunächst einen sympathischen Anschein, ist jedoch insgesamt wenig professionell und zielführend.

Variante 5 – Verstehen und Hinterfragen: Diese Variante beginnt mit dem genauen Spiegeln und damit Erfassen der Eindrücke, Gefühle und Wünsche des Gegenübers, frei von bewertenden Anteilen, um das Problem aus dem Blickwinkel des Elternteils mit seinen ganz persönlichen Hintergründen zu erfassen. Dabei bleibt Spielraum für Korrekturen, um das Gespräch zielgenau anlegen zu können. Dieser Einstieg ist für uns ein passender mediativ-konstruktiver Beginn, durch den sich die Person mit ihrem Problem von Anfang an ernst genommen fühlt. Er verhindert damit von vornherein die so unproduktive „Schuldsuche" und damit eskalierende und abwehrende Reaktionen, sondern fokussiert beide Seiten auf die möglichen Zusammenhänge des Problems.

Variante 6 – Sachliche Erläuterung: Hier geht es als nächsten Schritt um die sachlichen Abläufe und Absprachen rund um das Problem, über das die Elternseite genauestens informiert wird, um die Entscheidungen der Lehrkraft nachvollziehen zu können. So kann die geschilderte Perspektive des Kindes, die bei den Eltern angekommen ist und teilweise von der Lehrkraftseite abweichend ist, mit der Lehrkraft abgeglichen und ggf. korrigiert werden. Das ermöglicht beiden Seiten gleiche Ausgangsbedingungen, möglicherweise gegenseitiges Verstehen sowie eine gute Grundlage für zukünftige Regelungen miteinander. Für eine mediative Übereinkunft sind diese Sachzusammenhänge aus verschiedenen Perspektiven erhellend und notwendig, aber unserer Meinung nach noch keineswegs ausreichend.

Variante 7 – Professionelle mediative Selbstvertretung: In dieser zentralen mediativen Variante werden die pädagogischen Hintergründe mit betonter Wertschätzung des Kindes sprachlich deutlich gemacht. Dabei wird klargestellt, wofür die Lehrkraft steht, welche Intentionen sie verfolgt und welche Aspekte der in diesem Fall sozialen Persönlichkeitsentwicklung ihr besonders wichtig sind. Damit zeigt sich ihr **professionelles Profil mit ihren pädagogischen Prioritäten** und Verantwortlichkeiten, bestimmt von ihren ganz persönlichen Motivationen und Identifikationen im Hintergrund. Indem die Lehrkraft diese bezogen auf das Kind so klar ausdrückt, wird sie **für ihr Gegenüber auch als Mensch mit ihren Werten erfahrbar,** die möglicherweise eine gute Basis der Verständigung oder ggf. eine **mögliche Vorbildwirkung** beinhalten. Denn Eltern sind in der Regel an einer werteorientierten, sozialen Bildung Ihres Kindes interessiert und u. U. auch dankbar, Hinweise und Unterstützung von Expert*innen zu erhalten. Je deutlicher diese Intentionen als die leitenden pädagogischen Prioritäten mediativ vertreten werden, desto eher können sich **gemeinsame Bedürfnisse oder Ziele finden, die neue Wege der Erziehung ermöglichen.** Das wäre über die nur rein sachliche Klärung allein nicht möglich und längst nicht so verbindlich und leitend, wie es über die professionelle mediative Selbstvertretung nach unserer Erfahrung gegeben ist. Denn erst über das Aussprechen der Beweggründe im Hintergrund werden manche Entscheidungen nachvollziehbar. Oft ergeben sich übereinstimmende Interessen, die den/die Pädagog*in als Mensch erst sichtbar macht, was ihre/seine pädagogische Identität stärken dürfte.

> *Denn letztlich sind es doch die gleichen Bedürfnisse, die Eltern und Pädagogen tief bewegen: Beide möchten die Kinder auf einer guten und erfolgreichen Bahn voranbringen. Dort können Sie sich jedoch nur dann treffen, wenn Sie Ihre Interessen genauso klar ausdrücken und dabei Ihre Hintergründe deutlich machen. (Rohnstock/Siebers-Koch 2021, S. 63)*

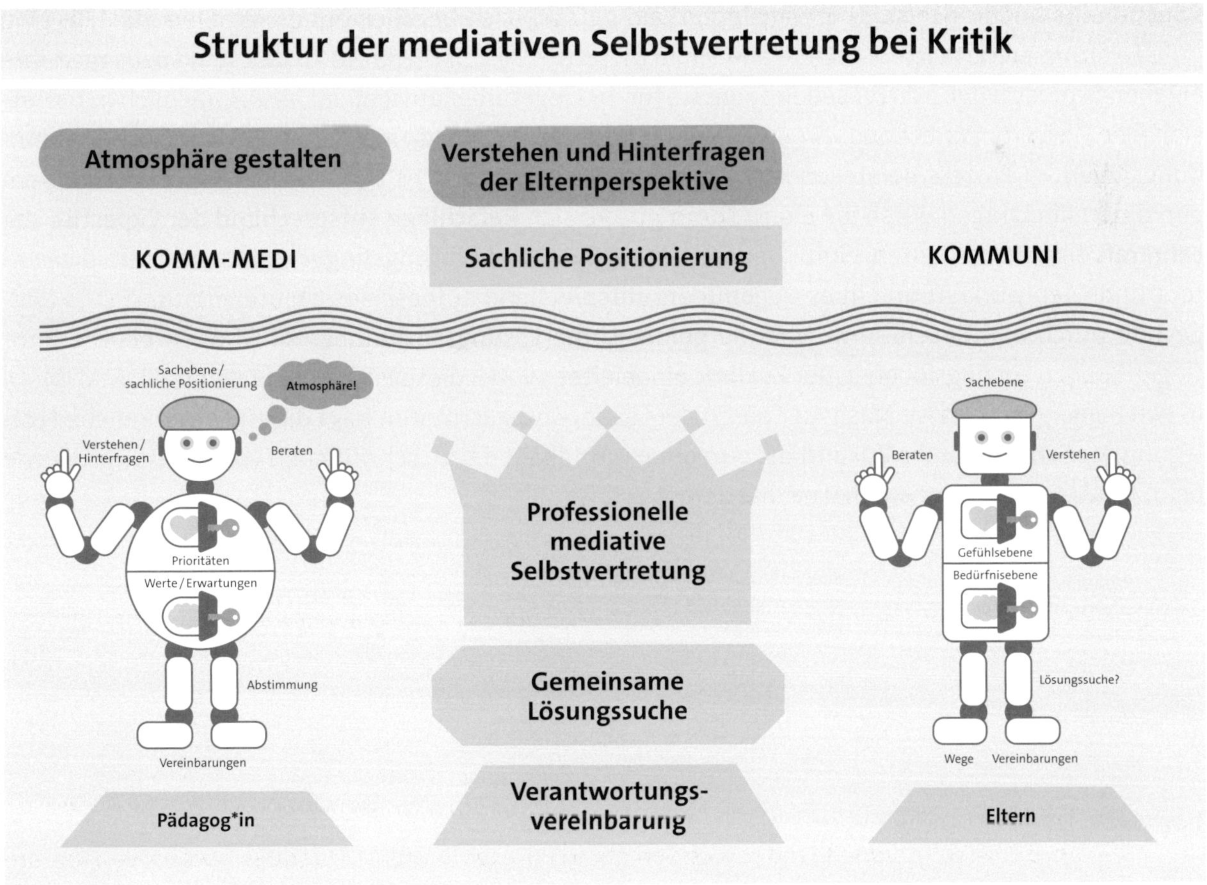

10.5.2 Möglichkeiten des KOMM-MEDI in Form von mediativer Selbstvertretung

Damit Sie die komplexen sprachlichen Anforderungen und Möglichkeiten in einer Kritiksituation in ihrer Abfolge besser nachvollziehen und umsetzen können, haben wir eine weitere Kommunikationsfigur, genannt KOMM-MEDI (kommunikativer innerer Mediator), entwickelt.

Er basiert auf den gleichen mediativen Strukturen wie der Ihnen bereits bekannte KOMMUNI (vgl. Kap. 4), bietet Ihnen aber noch vielfältigere professionelle Möglichkeiten bezüglich der Vertretung Ihrer pädagogischen Einschätzungen und Entscheidungen gerade im Kritikfall und weitere Aktionsmöglichkeiten über seine beiden Hände (Verstehen und Hinterfragen sowie Beraten). Auf den Kritikimpuls agiert er zunächst über **seinen Finger „Verstehen und Hinterfragen" mit empathischem Spiegeln und entsprechenden Rückfragen.** Dies ist wichtig, um sein Gegenüber mit seiner Perspektive respektvoll anzunehmen und die mit der geäußerten Kritik meistens verbundenen Emotionen für ein geordnetes Klärungsgespräch im Anschluss zu deeskalieren. Über spezifische Fragestellungen versucht er in diesem Zusammenhang die Hintergrundebenen möglicher verletzter Gefühle und Bedürfnisse gleich mitzuerfassen, und zwar in Vorbereitung auf sein eigenes Statement und der weiteren gemeinsamen Analyse des entstandenen Problempunktes (Variante 5). Sein **Kopf** symbolisiert wie beim KOMMUNI die Klärung der sachlichen Zusammenhänge in Form einer **sachlichen Erläuterung** bzw. Positionierung des Pädagogen bzw. der Pädagogin (Variante 6). Sein **Bauchraum beinhaltet zwei äußerst wichtige professionelle Ebenen, die der Prioritäten (Identifikationen) und der Werte und Erwartungen,** die jeweils der Gefühls- und Bedürfnisebene beim KOMMUNI entsprechen. Hier betont die Lehrkraft **ihr professionelles Profil in Bezug auf die angesprochenen Problem- bzw. Kritikpunkte** in Form von Prioritäten bzw. Prinzipien (Mir ist besonders wichtig ..., Ich stehe für ...), aber auch speziellen Identifikationen und Motivationen (Mir liegt sehr am Herzen ...). In der unteren Klappe des Bauchraums finden sich seine Erwartungen und ggf. Grenzen bezogen auf die Problematik (Für eine gute Leistung erwarte ich ..., Leider kann ich in diesem Punkt ...) (Variante 7). Das sind sozusagen ihre eigenen Schlüssel der „Herzensebene", die sie für ihr Gegenüber aufschließt, also sprachlich in professioneller Weise entsprechend ihren Überzeugungen verdeutlicht und damit die öffnenden Verbindungslinien im Prozess herstellen kann. In diesem Kontext kann es zu fachlichen oder pädagogisch geprägten Rückfragen durch die Eltern kommen, die sich **Ratschläge entsprechend der Expertise der Lehrkraft** einholen möchten, wofür beim KOMM-MEDI sein **Beratungsfinger** steht. Nachdem die Hintergründe der Lehrkraft und ihres Gegenübers entsprechend aufgeschlossen und erläutert sind (dargestellt durch den Bauchraum) wird die **gemeinsame Lösungssuche** über Rückfragen beim Eltern-Gegenüber zu Lösungsideen in der Zukunft eingeleitet, wobei diese Phase bei unserem KOMM-MEDI in den Beinen verortet ist. Nach Austausch der Lösungsmöglichkeiten folgt die einvernehmliche Festlegung der Schritte für die Zukunft in Form einer mündlichen bzw. schriftlichen Vereinbarung, die wie beim KOMMUNI wieder durch die Füße dargestellt ist.

KOMM-Medi und seine mediative Selbstvertretung

Mediative Selbstvertretung über:
Identifikationen – Prinzipien/Werte – Engagement – professionelle Prioritäten – Erfahrungen – Erwartungen – Grenzen der Verantwortung

Professionelle mediative Selbstvertretung

Sachebene / sachliche Positionierung

Atmosphäre!

Verstehen / Hinterfragen

Beraten

Prioritäten

Werte / Erwartungen

Abstimmung

Vereinbarungen

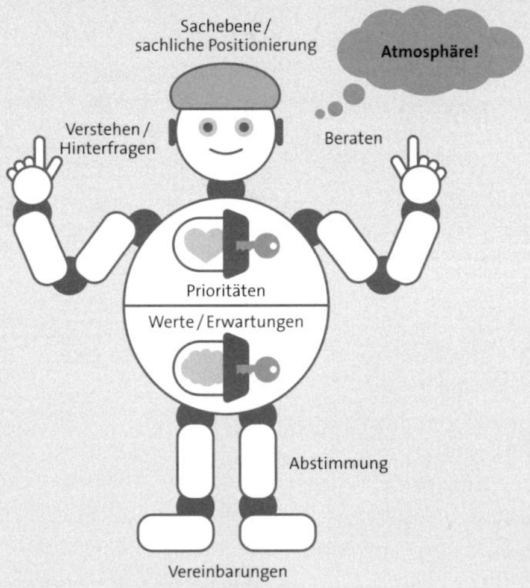

Beispiele kommunikativer Möglichkeiten mediativer Selbstvertretung

❺ Mir ist besonders wichtig ... (Prinzip)
❺ Für mich steht zurzeit im Vordergrund ... (professionelle Priorität)
❺ Ich beobachte gerade in letzter Zeit... (pädagogische Erfahrungen/Beobachtungen)
❺ Mir liegt am Herzen ... (Identifikation)
❺ Für eine gute Leistung erwarte ich in dieser Klassenstufe...(Erwartung)
❺ Leider kann ich Ihnen in diesem Punkt nicht weiterhelfen ..., empfehle Ihnen ggf. folgende Möglichkeit ... (Grenzen der Verantwortung klären)

Wir nennen diese Form der Reaktionsweise auf Kritik **professionelle mediative Selbstvertretung,** weil sie auf hintergründige Weise die Handlungen und Einstellungen im professionellen Sinne in vielfältiger, kommunikativ klarer Form verdeutlicht und diese mit den Bedürfnissen der Eltern in Verbindung bringen kann, um die zukünftige Erziehung miteinander abzustimmen. KOMM-MEDI symbolisiert also die mediative Doppelfunktion der agierenden Lehrkraft als verhandelnde*r Mediator*in und gleichzeitig als mediative*r Fürsprecher*in für sich selbst, was eine hohe professionelle mediative Kompetenz in sich vereinigt. Dies wirkt sehr effektiv und menschlich sehr befriedigend, weil es statt des Gegeneinanders **in Kritiksituationen das Miteinander** betont und ermöglicht. Dabei agiert KOMM-MEDI zunächst gewohnt mediativ empathisch wie KOMMUNI, indem er mit Spiegeln und Hinterfragen sein Gegenüber entsprechend abholt. Nach seiner sachlichen Positionierung (Ordnungsmaßnahmen, Noten, Testergebnisse usw.) allerdings **agiert er nun für sich selbst mediativ, indem er seine eigenen, leitenden pädagogischen Intentionen im Hintergrund mit seinen Gesprächsschlüsseln im Bauchraum öffnet,** ggf. unterstützt durch die Metaebene des MEDI zur eigenen Stabilisierung. Wir sind davon überzeugt, dass gerade diese Form der mediativen Eröffnung der eigenen Leitlinien und Erwartungen als Reaktion auf Kritik weit überzeugender und zielführender ist als nur rein sachliche Argumente, die an der Oberfläche vielfach blass bleiben und damit wenig Überzeugungskraft haben.

Mediativer Prozess der Verständigung in Kritiksituationen über mediative Selbstvertretung

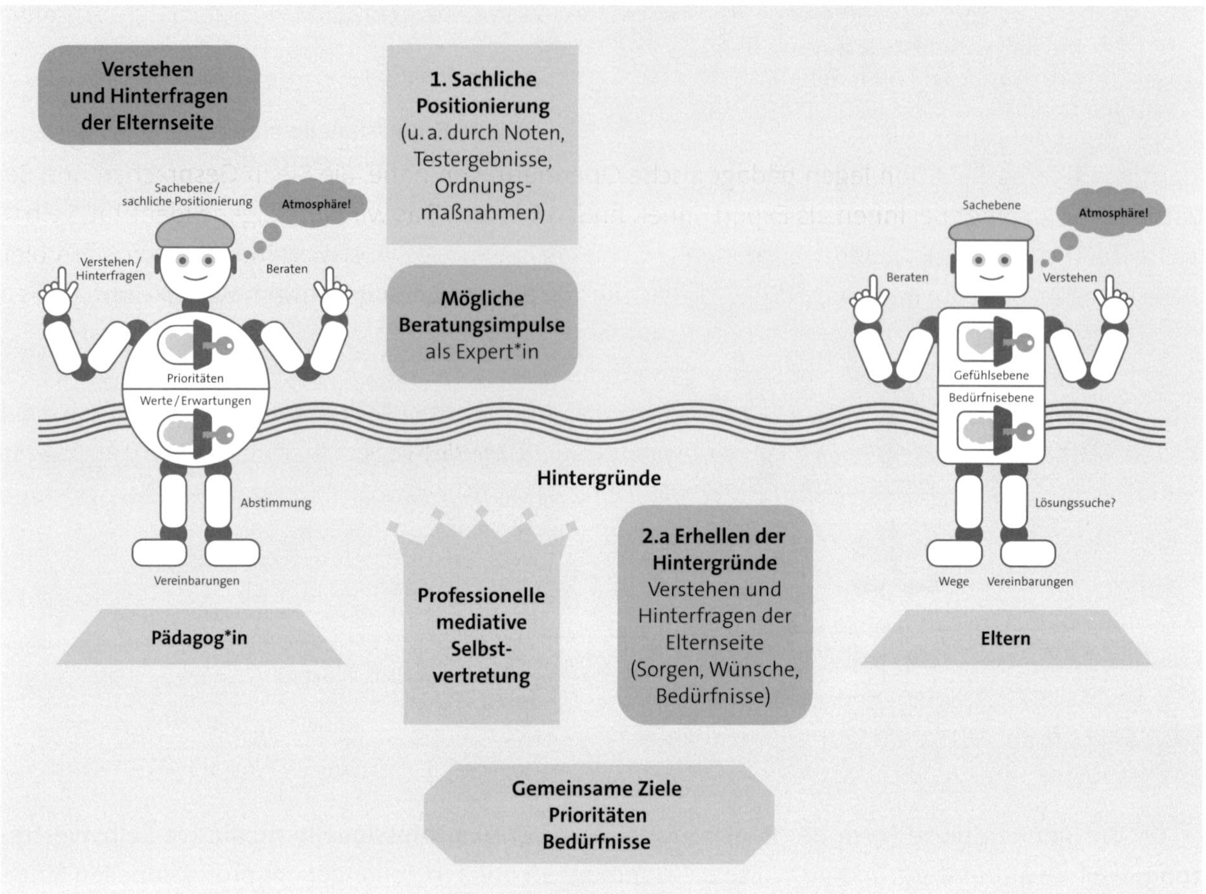

Fehlt diese professionell mediative Selbstvertretung in dem hier dargestellten Sinne ganz, dann könnte in etwas überzeichneter Weise der „Oberlehrer" zum Vorschein kommen, der wenig empathisch nur seine Zensuren im Kopf hat und scheinbar Vieles aus seiner Rolle heraus besser weiß. (Rohnstock/Siebers-Koch 2021, S. 62)

So ist gerade die mediative Selbstvertretung nach unserer Erfahrung eine äußerst wertvolle kommunikative Form, **die die Professionalität, aber auch die Autorität von Pädagog*innen entscheidend unterstreicht,** welche gerade von Elternseite heute mehr und mehr infrage gestellt wird. Zudem ist sie nach unserer Erfahrung in strittigen und emotional bewegenden Zusammenhängen ausgesprochen bedeutsam für die Beziehung der beiderseits hoch identifizierten Erziehungspartner*innen, indem sie eine gute Basis bildet, weiter produktiv, vielleicht sogar bereichert miteinander weiterzuarbeiten. Denn die emotionale Beteiligung der Eltern entsteht ja durch die Sorgen um das Kind, die oft nur durch pädagogisch fundierte Argumente und professionelles Engagement, das auch ausgesprochen wird, beruhigt und in konstruktive Bahnen gelenkt werden kann. Das ist dann für alle Seiten ein Gewinn, insbesondere für die Kinder, um die es ja in erster Linie geht!

In diesem Zusammenhang möchten wir Sie auf die **leitenden Prinzipien und Ihre ganz persönlichen pädagogischen Motivationen** erinnern (vgl. Kap. 4.2), die für Ihre professionelle Selbstvertretung in heiklen Situationen besonders hilfreich sind. Immer wieder stellen wir im Rahmen unserer Seminare fest, dass Pädagog*innen zögern oder sich nur in zurückhaltender Form trauen, Ihre

Leitlinien und Konsequenzen gerade in Kritiksituationen gegenüber Eltern klar zu benennen und sie entsprechend überzeugend zu vertreten. Wir möchten Sie als in erzieherischen Fragen gut ausgebildete und erfahrene Expert*innen hier dazu **ermutigen, sich mithilfe der professionellen mediativen Selbstvertretung hintergründig argumentierend gerade in strittigen Situationen klar zu positionieren.** Das hilft Ihnen persönlich, Ihre Rolle zu festigen und Sicherheit in Ihren Überzeugungen zu gewinnen, die Sie als Vorbild für Ihre anvertrauten Kinder, aber auch für die Beratung Ihrer Eltern immer wieder brauchen. Denn die in Kap. 3 ausgeführten Belastungen und möglichen Verunsicherungen der heutigen Elterngeneration legen pädagogische Orientierungen nahe, die Sie in Gesprächen und Beratungen unbedingt bei Ihnen als Expert*innen finden können. Das wird Ihre eigene Identität, Selbstsicherheit und damit Ihre Berufszufriedenheit stärken, wenn Sie selbstverständlich auch offen bleiben für die Argumente Ihrer Gegenüber, die eigene Weiterentwicklungen immer wieder ermöglichen.

> *Denn nur über wirkliches Verstehen der Hintergründe jeder Seite können einvernehmliche Wege und manchmal auch notwendige persönliche Korrekturen miteinander gefunden werden, die professionell zielführend sind und auch menschlich befriedigen können.* ***Mediative Haltung auch in Konfliktsituationen zu bewahren, ist sicher die Königsdisziplin.*** *Der Weg dorthin ist anstrengend, komplex und herausfordernd, aber letztlich menschlich befriedigend und bereichernd, sodass sich die Anstrengungen unseres Erachtens unbedingt lohnen. (Rohnstock/Siebers-Koch 2021, S. 63)*

Damit Sie sich noch umfänglicher mit der praktischen Umsetzung der mediativen Selbstvertretung vertraut machen können, möchten wir Ihnen hier ein weiteres Beispiel aus Hort- bzw. Grundschulbereich ausführen, das Kolleg*innen in unserer Praxis häufiger als Elternvorwurf begegnet. Da die Sorge um die soziale Entwicklung gerade eines jüngeren Kindes Eltern besonders beschäftigt und damit emotional stark belastend sein kann, möchten wir Ihnen diesen häufigen Kritikanlass hier mit der mediativen Selbstvertretung beispielhaft vorstellen.

So beginnt ein Elternteil eines Mädchens im Grundschulalter mit folgender **Kritik** ein verabredetes Gespräch mit einer Pädagogin bzw. einem Pädagogen:

Gar nichts hat sich bei Ihnen hier verändert. Immer noch ist mein Kind allein und wird von den anderen nach wie vor gemein geärgert und darf nicht mitspielen. Sie haben nichts dagegen unternommen, dass die Mädchen der Gruppe sie immer noch ärgern.

Verstehen und Hinterfragen

Gut, dass Sie sich mit diesem ernsten Problem erneut an mich wenden. Ich merke, dass Sie sich immer noch große Sorgen um Ihre Tochter wegen ihrer Kontakte und Einbindung in unsere Hortgruppe machen und sich nun eine endgültige Klärung und vor allem mehr Rücksichtnahme und Respekt für Ihre Tochter wünschen. Was genau erzählt Ihre Tochter in letzter Zeit darüber bzw. wie verhält sie sich zu Hause?

- Nach empathischem Spiegeln könnten noch weitere Rückfragen ggf. mit Spiegeln sinnvoll sein: Gab es im Umfeld Ihrer Tochter in letzter Zeit Ereignisse, die sie möglicherweise beunruhigen könnten? Zeigte sie schon früher ähnliches Verhalten, wann und wobei? Sehen Sie darin irgendwelche Zusammenhänge?

Sachliche Erläuterung

Wir schätzen sehr an Ihrer Tochter ihr reges Interesse an fast allen kreativen und intellektuellen Angeboten bei uns und ihre Hilfsbereitschaft im Gruppengefüge. Aber auch uns Kolleg*innen fällt trotz unserer Interventionen immer wieder auf, dass sich Ihre Tochter wenig in Gruppenaktionen beteiligt und immer noch mehr für sich ist als früher, weniger fröhlich ist und sich verschlossener zeigt.

- An der Stelle könnten auch weitere Rückfragen zu den Detailbeobachtungen zu Hause erfolgen, um ein Gesamtbild des Verhaltens und seiner Ursachen gemeinsam aufzuklären.

Mediative Selbstvertretung

Uns Pädagog*innen ist hier sehr wichtig, dass ihre Tochter sich in unseren sozialen Zusammenhängen wohlfühlt, von allen Seiten respektvoll behandelt wird und sich rundum gut weiterentwickeln kann. Auf der Grundlage unserer beider ausgetauschten Beobachtungen scheint Ihre Tochter zurzeit verunsichert, weil hier Ihre beste Freundin Sophie gerade die Schule verlassen hat und sie zudem ein kleines Brüderchen bekommen hat, das Ihre Energien als Eltern natürlich stark bindet. Nach meiner Einschätzung ist es erforderlich, dass alle Erziehungsseiten im Zusammenwirken vielfältige Unterstützungsmaßnahmen entwickeln, um Ihr Kind wieder wie zuvor zu stabilisieren und in die Gruppen hier zu integrieren.

- Hier könnten noch weitere spezifische Rückfragen an die Eltern die gemeinsame Analyse unterstützen, um die möglichen Lösungswege vorzubereiten.
- Eventuell ist an dieser Stelle ein Hinweis zu den Grenzen der Leistbarkeit der Einrichtung angebracht, indem die/der Pädagog*in auf die begrenzten Möglichkeiten hinweist, solche einschneidenden Ereignisse für das Kind in seiner ganzen Tragweite in der Schule und dem Hort vollständig aufzufangen. Hier ist die Bitte um Unterstützung durch das Elternhaus und ein nachdrücklicher Hinweis auf Ihre Hauptverantwortung u. U. sinnvoll, ihren entscheidenderen Beitrag zu Hause zu leisten.

Gemeinsame Lösungssuche

Da mir die gute, soziale Einbindung und die Entwicklung Ihrer Tochter sehr am Herzen liegt und wir an dieser Stelle Handlungsbedarf sehen, schlage ich Ihnen nun Folgendes vor: Ich führe nochmal ein Gespräch mit Ihrer Tochter und danach mit den Mädchen der Gruppe, um die Probleme hier vor Ort aufzuklären und zu regeln, ggf. mit entsprechenden Absprachen im Team. In jedem Fall werden wir hier alle Ihre Tochter verstärkt in den genannten Zusammenhängen beobachten und sie entsprechend unserer Absprachen unterstützen.

Ich denke, in diesem Sinne können Sie entsprechend zu Hause über Gespräche oder Aktionen miteinander entsprechend Unterstützendes umsetzen.

- Hier ist das Feedback dazu bzw. weitere Vorschläge durch die Eltern sinnvoll, die dann zu gemeinsamen Vereinbarungen führen.

Verantwortungsvereinbarung

- Zum Ende erfolgt die genaue Festlegung der Maßnahmen für alle Beteiligten und die Verabredung eines weiteren Gesprächstermins zur Überprüfung.

Rückmeldung: War das Gespräch hilfreich für Sie?

Mit Hilfe des KOMM-Medi haben Sie auf der Grundlage der beschriebenen Beispiele erfahren können, wie Sie als Pädagog*in sowohl mediativ hinterfragend und vermittelnd für Ihr Elterngegenüber agieren können und wie Sie sich aber gleichzeitig auch in Kritiksituationen in Form der mediativen Selbstvertretung für sich hintergründig argumentierend professionell aufstellen können.

10.6 Zusammenschau der mediativen Kommunikationsmöglichkeiten von Pädagog*innen im Elternkontakt

KOMM-Medi mit seinen professionellen kommunikativen Möglichkeiten

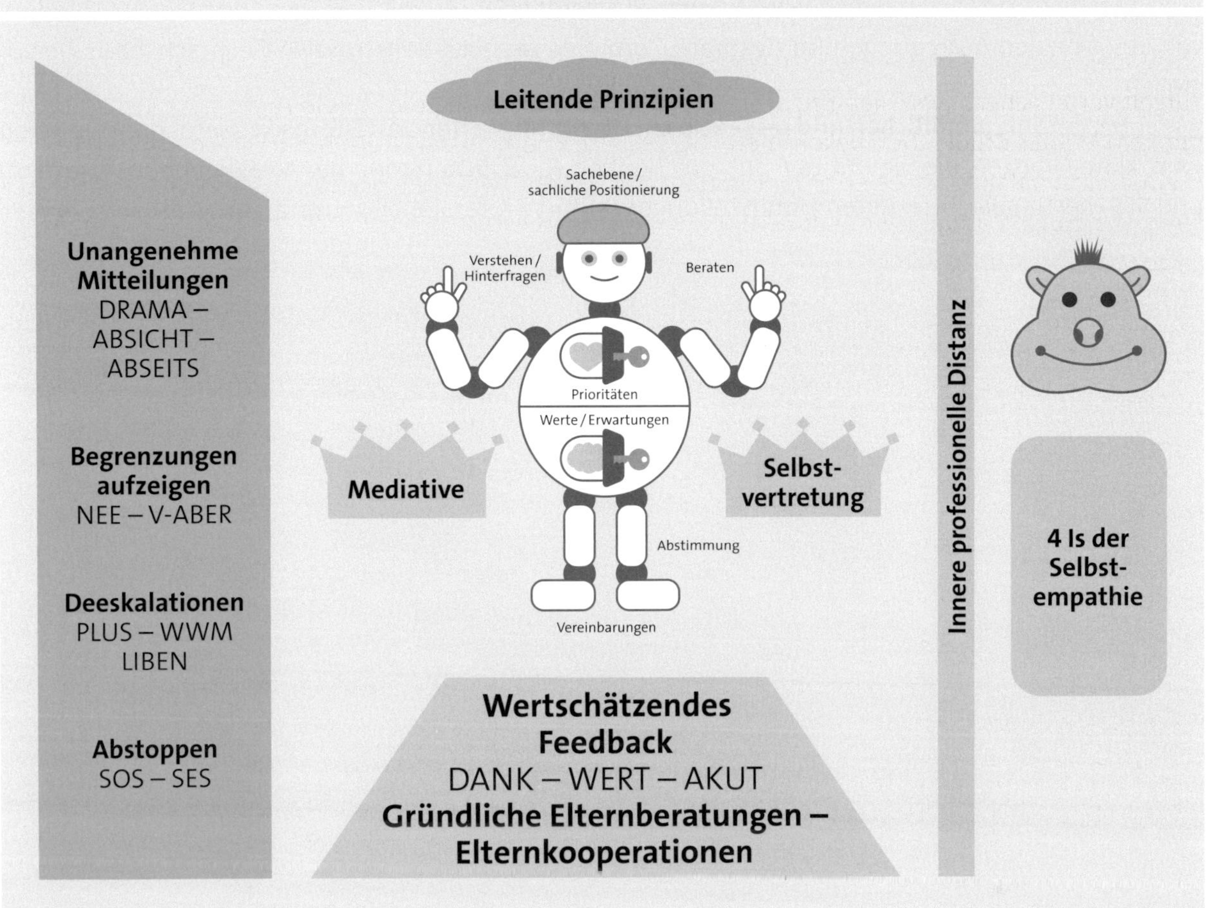

Nachdem Sie in den letzten Unterkapiteln die mediative professionelle Selbstvertretung, die Königsdisziplin, mit ihren Möglichkeiten bei Elternkritik kennengelernt haben, möchten wir Ihnen nun einen zusammenfassenden Überblick über alle kommunikativen Möglichkeiten der Pädagog*innen in Gestalt des KOMM-MEDI geben.

Neben den regelmäßigen Elterngesprächen und verschiedensten Formen der Elternkooperationen, getragen von ihren leitenden Prinzipien, sind besonders für die Gestaltung einer vertrauensvollen Erziehungspartnerschaft **wertschätzendes Feedback** in Form der Kommunikationsstrategien DANK, WERT und Kurznachfragen in den Alltagsbegegnungen (AKUT) grundlegend.

Damit Sie den Dialog auch in schwierigen Situationen des Schulalltags professionell souverän gestalten können, brauchen Sie eine ausreichende **professionelle innere Distanz** und Selbstempathie, die durch die 4 Is (Innehalten, Identifizieren eigener Gedanken und Bedürfnisse, Ich-Stärkung, Ich-Botschaften) mit Hilfe des MEDIs erreicht und gestärkt werden kann.

Für **unangenehme Mitteilungen** an die Elternseite stellt Ihnen KOMM-MEDI die Möglichkeiten von DRAMA (z. B. nichterbrachte Leistungen), ABSICHT (Verstöße gegen die soziale Ordnung der ler*innen, kooperatives Elternverhalten in Klärungsgesprächen) sowie ABSEITS (Verstöße gegen die soziale Ordnung, unkooperatives Elternverhalten in Klärungsgesprächen) zur Verfügung.

Um Eltern **mögliche Begrenzungen** Ihrerseits und der schulischen Organisation aufzuzeigen, können Sie als Pädagog*innen die Gesprächstools NEE zum einfühlsamen Nein-Sagen und V-ABER für nichtverletzende Ärgermitteilung einsetzen.

In emotional geprägten Begegnungen mit Eltern helfen Ihnen die **Deeskalationstechniken** PLUS (positives Umformulieren), WWM (kurze Problemannahme mit Vertagen) und LIBEN (Abfedern von emotionalen Aufregungen im Gespräch), um eine sachlich konstruktive Gesprächsbasis herzustellen.

Bei gefühlt **unhöflichen und respektlosen Übergriffigkeiten** von Elternseite setzt die Mediation ganz klare Grenzen, die Sie mit den entsprechenden Tools, **SOS** (Stopp bei beleidigenden Angriffen) und **SES** (bei ungerechtfertigten Unterstellungen) sofort professionell souverän unterbinden können.

11 ZUKUNFTSIDEEN UND AUSBLICK

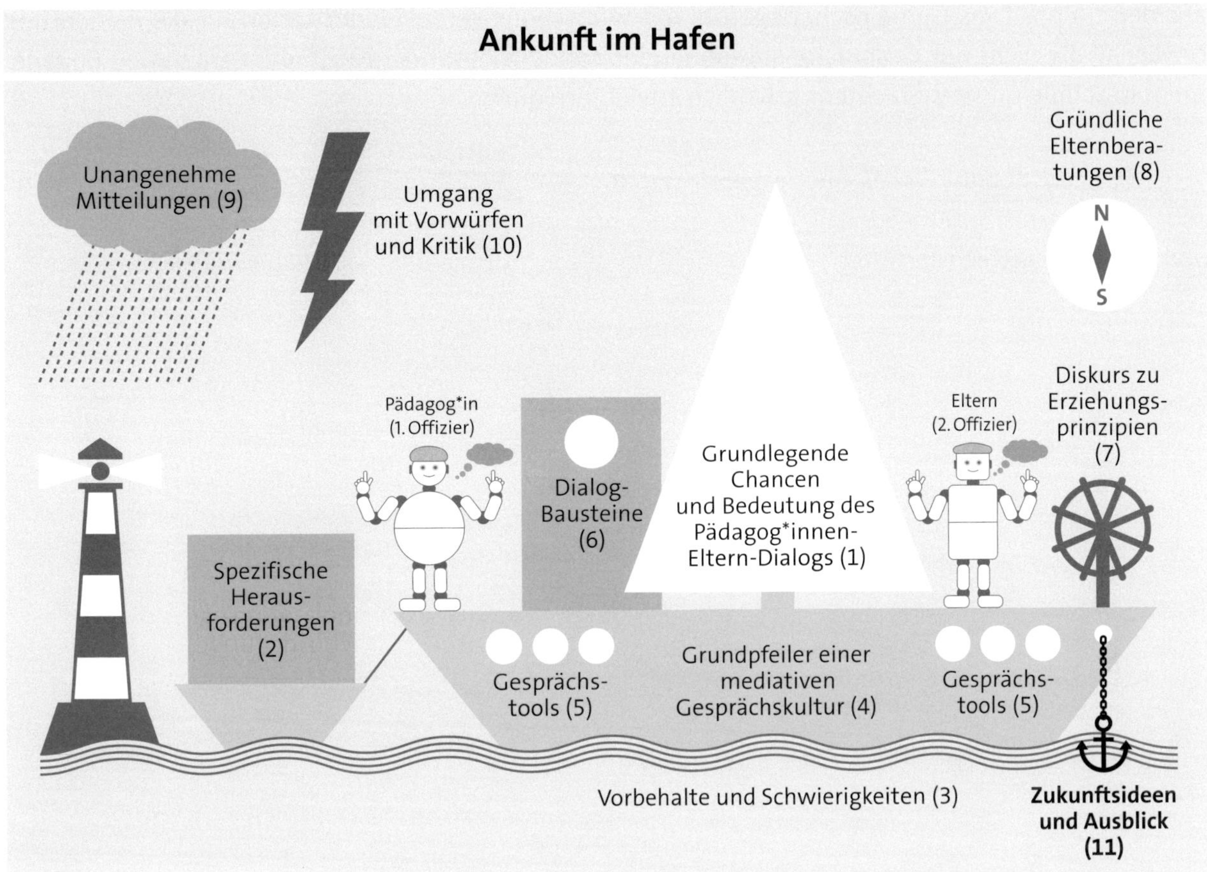

Das Ziel aller Gesprächskontakte zwischen Eltern und Pädagog*innen ist ein dauerhaft vertrauensvolles Verhältnis zueinander im Sinne der optimalen Förderung des Kindes, das sie auf ihrem langen Weg mit dem Boot miteinander erarbeitet haben und mit einer Ankunft im sicheren Hafen seine Vollendung findet. Die unterschiedlichen Herausforderungen während der Fahrt durch Wind- und Wetterbedingungen auf hoher See erforderten dabei eine Reihe von Kursplanungen, Steuerungsmanövern und Abstimmungen, um schließlich fest ankern zu können. Bei Einfahrt in den Hafen ist für alle an Bord das einladende Schulhaus inmitten einer grünen Parkanlage wie ein Leuchtturm sichtbar. Erleichtert, nach teils stürmischer Fahrt am Ziel angekommen zu sein, betreten alle gemeinsam das mediative Schulhaus durch das Tor von Wertschätzung, Empathie und Achtsamkeit (vgl. Rohnstock/Siebers-Koch 2021, S. 126). Vertraut ist sofort die mediative Atmosphäre durch die erlernten und erprobten Gesprächstools insbesondere in dem Bereich Elterngespräche.

Das Schulhaus ist nicht nur geprägt von Räumen rund um den Unterricht in den Kernfächern, sondern beinhaltet vielfältige Angebote verschiedenster Ausrichtungen, um den Kindern interessante Lern- und Erfahrungsräume für die unterschiedlichsten Talente und Interessen bieten zu können. So können Angebote wie z. B. Kochen, Handwerken, Sport, Musik, Spiele, Mediengestaltung, Schulgarten sowie z. B. ökologisch nachhaltige Lebensweise zur Auswahl gestellt werden, bei denen Elternkooperation durchaus erwünscht ist. Damit entstehen vielfältige informelle Kooperationsmöglichkeiten zwischen Eltern und Pädagog*innen, die neben den regelmäßigen offiziellen Elternkontakten unbelastete Begegnungsebenen ermöglichen. Aus dieser entspannten Atmosphäre erwachsen nicht selten ganz praktische pädagogische Austauschmöglichkeiten und menschliche Begegnungen, die sich besonders positiv auf die Beziehung und Entwicklung des Kindes auswirken. Über diesen Weg können auch Förderchancen für Kinder mit Nachholbedarf oder jenen mit besonderen Talenten entstehen. Hieraus entwickelt sich ein interessanter Lebensraum für die gesamte Schulgemeinschaft, aus der ein positives Gemeinschaftsgefühl mit wünschenswerter Identifikation für die Einrichtung erwächst, die nicht nur Gespräche untereinander, sondern besonders auch das Lernen und Engagement in Schule unseres Erachtens erheblich erleichtern dürfte.

12 IN BESONDERS HERAUSFORDERNDEN PÄDAGOG*-INNEN-ELTERN-KONTAKTEN STRESS GEZIELT ABBAUEN

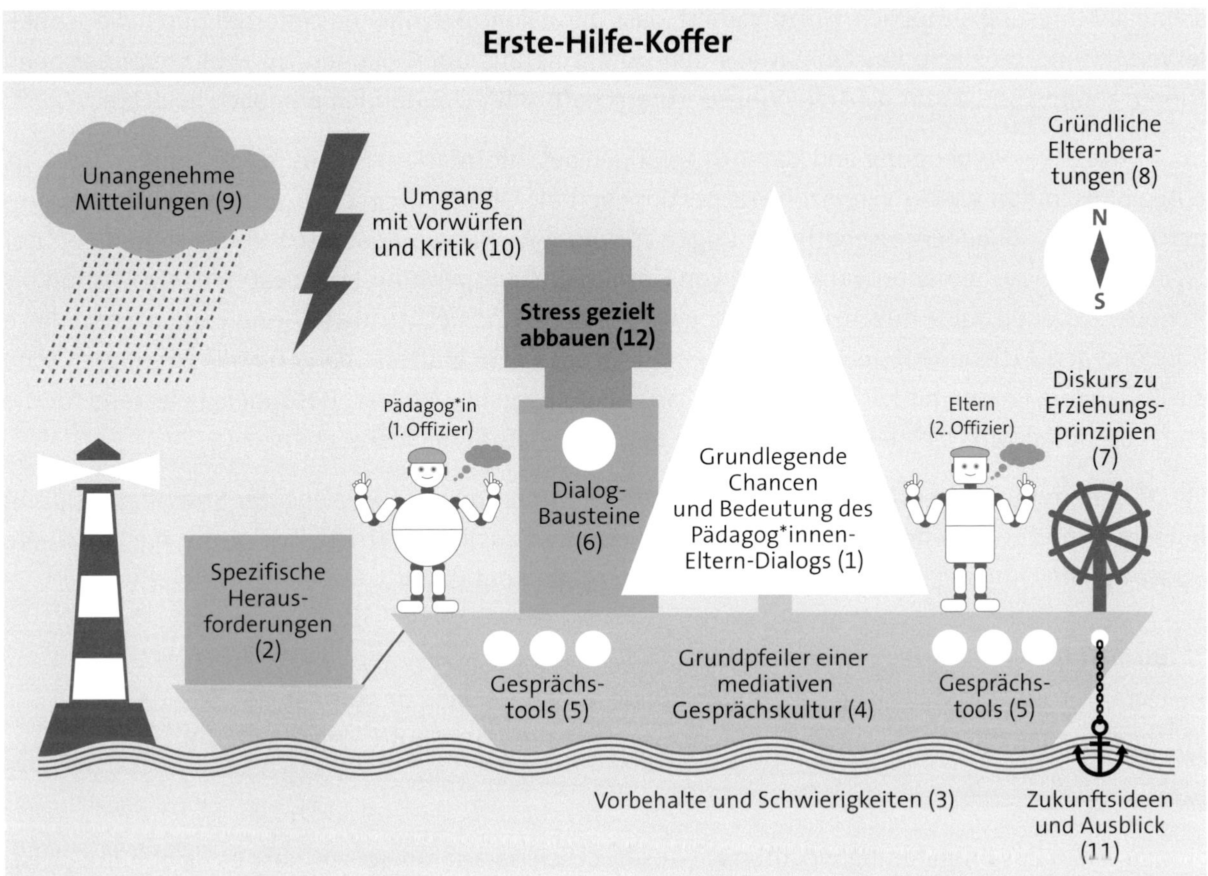

Bevor wir Ihnen mögliche Erste-Hilfe-Maßnahmen für besonders herausfordernde Pädagog*-innen-Eltern-Kontakte in diesem Kapitel vorstellen, möchten wir ausdrücklich betonen, dass die meisten Kontakte ausgesprochen produktiv und respektvoll verlaufen, nur einige wenige, emotional gefärbte und kritische Situationen zwischen den Erziehungspartnern entstehen. Diese sind mit den vorher beschriebenen mediativen Möglichkeiten professionell und souverän zu bewältigen. Wir beobachten jedoch immer häufiger in den letzten Jahren, dass es in Ausnahmesituationen zu ausgesprochen herausfordernden Kontakten kommt, die respektlose, verschleierte oder verletzende Botschaften enthalten. Um diese unangemessenen Angriffe und die damit verbundenen Stressfaktoren zielgerichtet abfedern und schnell das innere Gleichgewicht wiederherstellen zu können, möchten wir Ihnen hier effektive Bewältigungsstrategien vorschlagen.

Auch wenn vielfach grundsätzlicher Frust gegenüber öffentlichen Einrichtungen und Entscheidungen dahintersteht bzw. Unsicherheiten wegen familiärer und psychischer Ursachen, bleibt die Notwendigkeit, sich damit auseinanderzusetzen und dies persönlich zu verarbeiten.

Neben dieser grundsätzlichen Versicherung, dass mit diesen Attacken nur in Ausnahmefällen fast nie die eigene Person direkt gemeint ist und auf der Grundlage der mediativ erarbeiteten professionellen Distanz sind weitere Notmaßnahmen ggf. zur Stressreduktion erforderlich. Denn harte Angriffe auf die eigene Person bewirken unwillkürlich starke Stressreaktionen, mit denen sich der einzelne Pädagoge bzw. die einzelne Pädagogin zunächst allein auseinandersetzen muss. Für direkte Konfrontationen helfen auch für diese Ausnamesituationen die hier genannten Techniken der Deeskalation und des Abstoppens. Allerdings erfolgen viele mögliche Angriffe subtil über Mails, WhatsApp-Chats, also sozusagen hinten herum über Dritte, die keine direkte Gegenantwort von Angesicht zu Angesicht zulassen und damit deutlich schwieriger zu handhaben sind, weil sie keine schnelle Auflösung ermöglich. Hinzu kommt, dass diese Kontakte über das Internet durch die schnelle Verbreitung mögliche Emotionen aus dem Affekt heraus überzeichnen, zu Fehlinterpretationen führen können und damit die Erziehungspartnerschaft unter Umständen erheblich belasten.

Trotz aller Vorbeugung und klaren Regelungen des Informationsflusses untereinander (vgl. Kap. 6.4) gibt es immer wieder vereinzelte respektlose verbale Übergriffe, wie z. B. Anfeindungen oder Angriffe in Mails, unangemessene Forderungen für einzelne Kinder, Abstreiten von Verfehlungen der eigenen Kinder, vehementes Verweigern von Einsicht und Kooperation, stattdessen Konfrontation bis in höhere Ebenen der Schulleitung bzw. sogar von Polizei und Rechtsanwält*innen. Auch wenn diese aufwendigen Aktionen oft ins Leere laufen, sind sie doch sehr kräfteraubend für alle Beteiligten, weil sie oft längere Phasen bis zur endgültigen Klärung in Anspruch nehmen. Besonders belastend für die Pädagog*innen wirkt sich fehlender Rückhalt in solchen Situationen aus.

In dem nun folgenden Abschnitt möchten wir Ihnen praktische Wege der Stressbewältigung aufzeigen, und zwar neben unmittelbaren Möglichkeiten auch längerfristig wirksame, nachhaltigere Strategien im Umgang mit besonders herausfordernden Kontakten.

Buch-Tipps
Detailliertere Informationen und Hintergründe finden Sie dazu bei Rohnstock „Zeit- und Selbstmanagement für Lehrende“ 2012 sowie „99 Tipps: Burn-out vermeiden“ 2018, beide Cornelsen-Verlag.

In dem Zusammenhang möchten wir ausdrücklich darauf hinweisen, dass es nicht hilfreich ist, gar nichts zu tun bzw. die Problematik längerfristig zu verdrängen und auszusitzen. Denn andauernde Verdrängungsprozesse verbrauchen unnötige Energien, um immer wieder aufkommende Gedanken und Gefühle in Schach zu halten. Jeder bewusst gewählte Schritt der persönlichen Stressbewältigung hingegen bedeutet bereits eine konstruktive Form der Bearbeitung, die sich positiv auf die eigene Selbstwirksamkeit auswirkt und damit die individuelle Resilienz stärkt.

12.1 Unmittelbare Möglichkeiten der Stressbewältigung

- **Bei Konfrontation nicht unmittelbar spontan reagieren, sondern Erdung über Anhalten und tiefes Durchatmen** (weil spontane Reaktionen oft emotionsgesteuert und wenig durchdacht sind) – **Empfehlenswert:** Zeit verstreichen lassen, eine Nacht darüber schlafen, Erdung über inneren Zuspruch, Vorkommnisse nochmals aus der Entfernung etwas genauer betrachten, aber erst nach Gesamtberuhigung
- **Rückzug und persönliche Erdung:** Ort wechseln, sich bewegen durch Spazieren, Joggen oder einfache Garten- bzw. Hausarbeit,
- **Entspannungstechnik,** Meditation, beruhigende Musik hören, entlastende Atemübung mit bewusster Bauchatmung
- **Selbstempathie geben,** eigene Gefühle klären, zulassen, ordnen und die Bedürfnisse dahinter ergründen, und in Gedanken vorformulieren als Wünsche, Bitten, Nein-Sagen, Ärgermitteilung
- **Positive, unbelastete Kontakte** zu Familie und Freundeskreis suchen

- **Grübelstopps einbauen,** bei innerer Dauerbeschäftigung bewusstes Unterbrechen durch z. B. Klatschen, andere Tätigkeit, anderes Umfeld
- **Gedankendisziplin zeitlich und räumlich,** mit sich selbst verabredete Auszeiten und Ruheräume, bewusst von Problemgedanken freihalten
- **Reflexion:** Aufschreiben des Problems mit möglichen Hintergründen und eigenen Alternativen bzw. Lösungsmöglichkeiten
- **Besprechen:** kompetente*n Austauschpartner*in suchen, mit Empathie und Zuwendung, gemeinsam mögliche Wege erwägen und diskutieren

Ampelmethode zur Stressbewältigung (A-B-S-Bremssystem)

1. Hilfe: Sofortmaßnahmen im Stress (A-Hilfen)
Atmen: 3x tief ausatmen
Aufmuntern: innerlich "Ich schaffe es!" sagen
Aufstehen: aufrichten, bewegen oder nur Faust ballen und lockern
Aktiv zuhören: verstehen und ggf. aufrichtig antworten

2. Hilfe: Kurzentlastungen unmittelbar danach (B-Hilfen)
Bewegen: 5 Min. walken, Treppen steigen, Stretching, Gymnastik
Bewusst machen: aufschreiben (Problembox), umdeuten, relativieren
Beruhigen: visualisieren von Entspannungsort in Ruhe (Technik)
Bereden: Aussprache mit verständnisvollem Zuhörer

3. Hilfe: Regeneratives und Bearbeitendes (S-Hilfen)
Schonen: Passives wie Faulenzen, Baden, Entspannungstechnik
Stärken: Aktives (Fitness), Privates (Familie, Hobby), Selbstaufbau
(Innere) Stimme hören: Bedürfnisse in Balance?
Systematisch lösen: schriftlich mit Lösungsalternativen

12.2 Aufbauende und lösungsorientierte Möglichkeiten der Stressbewältigung

- **Selbstzuspruch:** sich erinnern an ähnliche Situationen, die erfolgreich gemeistert wurden, sich erinnern an hilfreiche Strategien
- **Arrangement zunächst mit dem Unabänderlichen,** Annahme des Problems, aber gleichzeitig Chancen zur Lösung grundsätzlich erkennen und bedenken
- **Klare Trennlinien schaffen,** räumlich, rituelle, zeitliche, mediale und gedankliche zu Arbeitssituation, Wochenende ganz frei

- **Professionelle Distanz** gewinnen über Verantwortungsbereiche, genau abklären ggf. Absicherung durch Rückfrage bei der Schulleitung – Wer hat welche Zuständigkeiten und wofür genau? Was gehört in andere Hände? – eigene Klarheit gewinnen und Frust oder Handlungsschwäche des Gegenübers möglicherweise erkennen und entsprechend einordnen
- **In der Pädagogik gibt es kein klares Richtig und Falsch,** niemand kann es allen recht machen und alle erreichen, vieles geht im begrenzten Bildungssystem nicht und das hat auch niemand zu verantworten
- **Unterstützung suchen:** ggf. Schulleitung informieren und sich absichern, Kolleg*innen zur Unterstützung miteinbeziehen, gemeinsame Aktionen unter Umständen effektiver
- **Schriftliche Erklärung:** Sich ggf. klar mediativ und sachgerecht schriftlich äußern (siehe Möglichkeiten in Kap. 10.6)
- **Beratung und Unterstützung einholen,** z. B. Gewerkschaft, Lehrkräftevertretung mit Rechtsberatung
- **Reaktionsplan und Strategie** ggf. mit unterstützenden Mitstreitenden terminlich festlegen und Stück für Stück umsetzen, alle Möglichkeiten prüfen und dann umsetzen
- **Gezielte professionelle Hilfen suchen**, z. B. Unterstützung für schwierige Gespräche (Schulleitung, Mediation), Supervision, professionelle Beratung bzw. Coaching in Anspruch nehmen

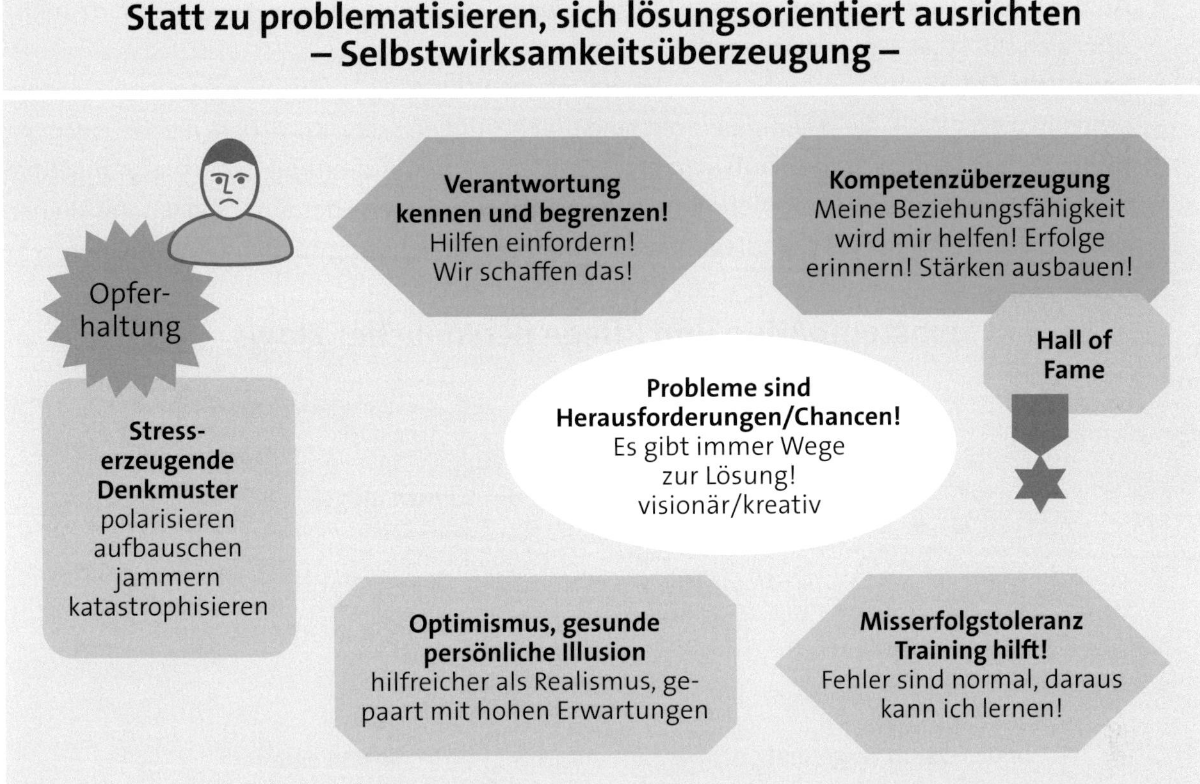

Nachhaltige, längerfristige Wege der Distanzierung und Stabilisierung zur Stressbewältigung

- **Besondere Selbstfürsorge pflegen,** viel Schlafen, sich aufbauende, schöne Erlebnisse gönnen, Muße, Sauna und anderes Entspannendes pflegen, Wellness am Wochenende, Bewegung, Sport, Yoga
- **Achtsamkeit für sich selbst im Alltag verstärken,** gesunde Rhythmisierung, Bewusstheit für eigene Befindlichkeit stärken, bestimmte Tätigkeiten ruhig bzw. verlangsamt ablaufen lassen, bewusstes Verlassen von Arbeitssituationen und bewusstes Eintreten in Erholungsphasen
- **Bewusstsein für eigene Kompetenz stärken,** Highlights bewusster wahrnehmen und für sich selbst verbuchen, *Hall of Fame* erstellen bzw. sich an ähnliche Erfolgssituationen erinnern
- **Statt Opferhaltung mit lähmender Negativtendenz Optimismus mit Misserfolgstoleranz entwickeln,** ins Handeln, Erproben und Agieren finden und praktische Erfahrungen sammeln, was erfolgreich sein könnte, Fehlschläge als notwendige und hilfreiche Lernerlebnisse werten
- **Klarheit zu eigenen Werten verstärken,** sich innerlich abgrenzen von derartigen Umgangsweisen, in sich selbst festigen über eigene Werte von Respekt und Selbstverantwortung, diese klar vertreten und auch aussprechen
- **Dankbarkeit gegenüber der eigenen Situation** und den eigenen Möglichkeiten entwickeln und diese bewusst pflegen (z. B. tägliches Dankbarkeitstagebuch schreiben)
- **Sich Vergeben bei Eigenanteilen,** z. B. unbedachte Reaktionen, sind menschlich und verzeihbar, sich Begrenzungen und Menschlichkeit auch des Gegenübers vor Augen halten
- **Harmonisierung von inneren Dialogen,** keine scharfe innere Selbstkritik zulassen, inneres Klima positiv und respektvoll, verzeihend gestalten
- **Selbstwert ist unabhängig von aktueller Gegebenheit,** kann von keiner Situation und von keinem Mitmenschen grundsätzlich in Frage gestellt werden
- **Relativieren**, jede Hürde stärkt, ist Lernmöglichkeit, steigert Resilienz und Persönlichkeit

- **Abstand über Humor finden,** in fünf Jahren haben viele Ereignisse gar keine Relevanz mehr, über sich selbst lachen und Abstand gewinnen
- **Spirituelle Erdung** suchen und nutzen, Vertrauen ins Schicksal, Relativierung gegenüber Menschen in dieser Welt, die ständig bedroht sind durch Hunger, Krieg, Krankheit, Flucht usw.
- **Inseln kleiner Leidenschaften** aufsuchen, z. B. Bewegung und Aufenthalt in der Natur regelmäßig pflegen und bewusst wahrnehmen, Umgang mit Haustieren oder auch Spielen mit kleinen Kindern immer wieder als grundlegendere Formen der Zuwendung suchen und genießen

Selbstempathie und Pflege persönlicher Flows

Selbstempathie
mit Harmonisierung des Selbstdialogs!
Inneres Klima des Zuspruchs
und der Großzügigkeit!
Innere Selbstkritik respektvoll gestalten!

Sich selbst
und anderen vergeben!
menschliche Schwächen
täglich innerlich loslassen
(Bitterkeit verhindern)

Inseln eigener
kleiner „Leidenschaften" pflegen
freiwillig, andersartig,
positive Gefühle und Beziehungen,
Sinn, schnelles Feedback

SCHLUSSWORT

Unser jahrelanger Weg mit der Mediation in Fortbildung und Beratung auf allen Ebenen in Schule und in den unterschiedlichsten Berufsfeldern haben uns immer wieder vielfältige Veränderungen im Hinblick auf die Kommunikationskultur und die Haltungen der Beteiligten gespiegelt, insbesondere ihr **geschärftes Bewusstsein für zielführende und wertschätzende Kommunikation in beruflichen und privaten Kontexten.** In dem Zusammenhang wird den Beteiligten besonders intensiv deutlich, wenn diese Ebene der wertschätzenden Kommunikation von ihrem Gegenüber verlassen wird, was zur Folge hat, dass dies für sie immer schwerer zu akzeptieren ist. Im Gegensatz dazu spüren sie verstärkt die **Veränderung ihrer Gesprächshaltung** im eigenen pädagogischen und privaten Umfeld, was häufig eine starke Vorbildfunktion für ihre pädagogischen Aktionen und Formen zur Folge hat.

Diese verstärkt gelebte Haltung bewirkt vor allem eine **größere professionelle Distanz.** Sie beruht auf der **Akzeptanz der Autonomie** eines jeden Menschen, seine Lösungen für Problematiken altersgemäß zu entwickeln und dafür Selbstverantwortung zu tragen, was eine **persönliche Entlastung von Zuständigkeiten und Entscheidungen in nicht zu unterschätzender Weise eröffnet.** Diese Form der professionellen Distanz ermöglicht dadurch vielfach mehr Handlungssicherheit, Gelassenheit und Freiheit im pädagogischen, oft konfliktreichen Feld.

Diese kontinuierliche Auseinandersetzung mit den Hintergründen von pädagogischen Entscheidungen befähigt verstärkt dazu, in besonders strittigen Kontexten **eigene Haltungen sicher mediativ und deeskalierend zu vertreten** und entsprechend zu begründen.

Über diesen Weg wird **Konflikt als Chance** begriffen und erlebt, der notwendig und hilfreich ist als positiver Entwicklungsimpuls für persönliche Veränderungen und möglicherweise Korrekturen eigener Ansichten, womit ein **Prozess fortlaufender Weiterentwicklung** angestoßen wird.

Neben diesen sehr wertvollen mediativen Kompetenzen in professionellen Zusammenhängen bestätigen die Beteiligten uns immer wieder, dass auch **ihre persönlichen Beziehungen vielfach empathischer verlaufen,** und sie verstärkt in der Lage sind, die Kommunikationsprozesse bewusster zu gestalten. Gerade die wertschätzende und behutsame Form der mediativen Umgangsweise ermöglicht einen bereichernden Austausch auf den verschiedensten Hintergrundebenen, der **die dialogische Intelligenz in vielfältiger Weise fördert.** Diese voranbringende Form des Austausches haben wir beide als Ausbilderinnen und Mediatorinnen immer wieder auch als besonders stressreduzierend in unseren Beziehungsgeflechten erfahren dürfen.

Wir wünschen Ihnen, dass Sie auf der Grundlage der vielen Beispiele in diesem Buch ähnlich positive und bereichernde Erfahrung in ihrem beruflichen und privaten Umfeld machen werden.

LITERATURVERZEICHNIS

Ahl, K.: Elterngespräche konstruktiv führen, Göttingen 2019

Beier, I. M.: Gespräche auf Augenhöhe, Seelze 2011

Eich, G./ Behr, M.: Gesprächsführung mit Eltern, Weinheim 2019

Fischer, C./Platzecker, P. (Hrsg.): Erziehung am Ende? Münster 2021

Gabriel, J.: Gesprächskompetenzen – Elterngespräche, München 2020

Hartkemeyer, M.: Dialogische Intelligenz, Frankfurt/M. 2018

Hennig, C./Ehinger, W.: Das Elterngespräch in der Schule, Donauwörth 2006

Hillert, A./Lehr, D./Koch, S./Bracht, M. M./Ueing, S./Sosnowsky-Waschek, N./Lüdtke, K.: AGIL – Arbeit und Gesundheit im Lehrerberuf, Stuttgart 2019

Jensen, E./Jensen, H.: Schule braucht Beziehung, Gelungene Lehrer-Eltern-Gespräche, Weinheim 2016

Linde, D.: Burnout vermeiden – Berufsfreude gewinnen, Heidelberg 2015

Mandac, I. M.: Lehrer-Eltern-Konflikte systemisch lösen, Heidelberg 2013

Roggenkamp, A./Rother, T./Schneider, J.: Schwierige Elterngespräche erfolgreich meistern – Das Praxisbuch, Augsburg 2021

Rohnstock, D.: Eigenen Ärger loswerden, in: Praxis Schule 5–10, 1–2011, S. 44–45

Rohnstock, D.: Mit Beschwerden umgehen, in: Praxis Schule 5–10, 2–2011, S. 48–49

Rohnstock, D.: 99 Tipps: Burn-out vermeiden, Berlin 2018

Rohnstock, D.: Professionell kommunizieren, in: Praxis Schule 5–10, 5–2011, S. 4–7

Rohnstock, D.: Zeit- und Selbstmanagement für Lehrende, Berlin 2012

Rohnstock, D./Siebers-Koch, C.: Mit Mediation das Klassenklima verbessern, Berlin 2021

Rosenberg, M.: Gewaltfreie Kommunikation, Paderborn 2001

Rosenberg, M.: Kinder einfühlend unterrichten, Paderborn 2005

Sacher, W./Berger, F./Guerrini, F.: Schule und Eltern – eine schwierige Partnerschaft, Stuttgart 2019

Schäfer, C.: Die partizipative Schule, Carl Link 2015